THE ROUGH GUIDE

FRENCH
PHRASEBOOK

D1462719

Compiled by
LEXUS

www.roughguides.com

Credits

French Phrasebook

Compiled by: Lexus with Nadine
Mongeard Morandi
Lexus series editor: Sally Davies
Layout: Sachin Tanwar
Pictures: Nicole Newman

Rough Guides Reference

Director: Andrew Lockett
Editors: Kate Berens, Tom Cabot,
Tracy Hopkins, Matthew Milton,
Joe Staines

Publishing information

First edition published in 1995.
This updated edition published August 2011 by
Rough Guides Ltd, 80 Strand, London, WC2R 0RL
Email: mail@roughguides.com

Distributed by the Penguin Group:
Penguin Books Ltd, 80 Strand, London, WC2R 0RL
Penguin Group (USA), 345 Hudson Street, NY 10014, USA
Penguin Group (Australia), 250 Camberwell Road, Camberwell,
Victoria 3124, Australia
Penguin Group (New Zealand), Cnr Rosedale and Airborne Roads,
Albany, Auckland, New Zealand

Rough Guides is represented in Canada by Tourmaline Editions Inc.,
662 King Street West, Suite 304, Toronto, Ontario, M5V 1M7

Printed in Singapore by Toppan Security Printing Pte. Ltd.

© Lexus Ltd, 2011
Travel tips © Rough Guides

256 pages

A catalogue record for this book is available
from the British Library.

978-1-84836-729-6

7 9 8 6

CONTENTS

How to use this book

The **Rough Guide French Phrasebook** is a highly practical introduction to the contemporary language. It gets straight to the point in every situation you might encounter: in bars and shops, on trains and buses, in hotels and banks, on holiday or on business. Laid out in clear A–Z style with easy-to-find, colour-coded sections, it uses key words to take you directly to the phrase you need – so if you want some help booking a room, just look up "room" in the dictionary section.

The phrasebook starts off with **Basics**, where we list some essential phrases, including words for numbers, dates and telling the time, and give guidance on pronunciation, along with a short section on the different regional accents you might come across. Then, to get you started in two-way communication, the **Scenarios** section offers dialogues in key situations such as renting a car, asking directions or booking a taxi, and includes words and phrases for when something goes wrong, from getting a flat tyre or asking to move apartments to more serious emergencies. You can listen to these and download them for free from www.roughguides.com/phrasebooks for use on your computer, MP3 player or smartphone.

Forming the main part of the guide is a double dictionary, first **English–French**, which gives you the essential words you'll need plus easy-to-use phonetic transliterations wherever pronunciation might be a problem. Then, in the **French–English** dictionary, we've given not just the phrases you'll be likely to hear (starting with a selection of slang and colloquialisms) but also many of the signs, labels and

instructions you'll come across in print or in public places. Scattered throughout the sections are travel tips direct from the authors of the Rough Guides guidebook series.

Finally, there's an extensive **Menu reader**. Consisting of separate food and drink sections, each starting with a list of essential terms, it's indispensable whether you're eating out, stopping for a quick drink or looking around a local food market.

Bon voyage!
Have a good trip!

BASICS

Pronunciation

In this phrasebook, the French has been written in a system of imitated pronunciation so that it can be read as though it were English. Bear in mind the notes on pronunciation given below:

AN	a French nasal sound; say the English word 'tan' clipping off the final 'n' and you are close
ay	as in may
e	as in get
g	always hard as in goat
ī	as the 'i' sound in might
j	like the 's' sound in pleasure
ñ	like the final sound in 'lasagne'
ON	a French nasal sound; say the English word 'on' through your nose and cutting off the final 'n'
∞	like the 'ew' in few but without any 'y' sound
r	comes from the back of the throat
uh	like the 'e' in butter but a little longer
y	as in yes

The French often run together or elide a word ending with a consonant and a following word that starts with a vowel. This has been shown in the pronunciation as, for example: **'do you have...?'** est-ce que vous avez...? eskuh voo zavay. The 'z' at the beginning of 'zavay' has been run on from the preceding word.

Abbreviations

adj	adjective	*m*	masculine (nouns with le)
f	feminine (nouns with la)	*mpl*	masculine plural
fpl	feminine plural	*sing*	singular

Notes

In the English–French section, when two forms of the verb are given in phrases such as **'can you...?'** est-ce que tu peux/vous pouvez...?, the first is the familiar form and the second the polite form (see entry for **you**).

When two forms of an adjective are given, for example **mad** fou, *f* folle, the first form is used with masculine nouns (those taking le or un) and the second form is used with feminine nouns (those taking la or une).

Basic phrases

yes oui wee

no non nON

OK d'accord dakor

hello bonjour bONjoor

good morning bonjour bONjoor

good evening bonsoir bONswa

good night bonne nuit bon nwee

goodbye au revoir o ruh-vwa

please s'il vous plaît seel voo play
(if using 'tu' form) s'il te plaît
seel tuh play

yes please oui, merci
wee mairsee

thanks, thank you merci
mairsee

thank you very much merci beaucoup mairsee bo-koo

no thanks non, merci
nON mairsee

don't mention it je vous en prie
juh voo zON pree

how do you do? (when being introduced) enchanté! ONshONtay

how are you? comment vas-tu/allez-vous? komON va-too/alay-voo

fine, thanks, and you?
bien, merci, et toi/vous?
b-yAN mairsee ay twa/voo

pleased to meet you enchanté!
ONshONtay

excuse me (to get past, to get attention) pardon par-dON
(to say sorry) excusez-moi,
pardon exkoozay-mwa

sorry: (I'm) sorry je suis désolé,
excusez-moi juh swee dayzolay,
exkoozay-mwa

sorry? (didn't understand)
pardon? par-dON

I understand je comprends
juh kONprON

I don't understand
je ne comprends pas pa

do you speak English? parlez-vous l'anglais? parlay-voo lONglay

I don't speak... je ne parle pas... juh nuh parl pa

could you say it slowly? pourriez-vous parler plus lentement? pooree-ay-voo parlay plOO lONtmON

could you repeat that? pourriez-vous répéter? pooree-ay-voo raypaytay

could you write it down? pouvez-vous me l'écrire? poovay-voo muh laykreer

I'd like... je voudrais... juh voodray

can I have a...? j'aimerais... jemray

do you have...? as-tu/avez-vous...? atOO/avay-voo

how much is it? c'est combien? say kONb-yAN

cheers! (toast) santé! sONtay (thanks) merci! mairsee

it is... c'est... say

where is...? où est...? oo ay

is it far from here? c'est loin d'ici? say lwAN dee-see

Dates

Use the numbers on pages 11–12 to express the date, except for the first, when le premier should be used:

the first of September le premier septembre luh pruhm-yay septONbr

the second of December le deux décembre l uh duh daysONbr

the third of March le trois mars luh trwa marss

the twentieth of May le vingt mai luh vAN may

the twenty-first of June le vingt-et-un juin luh vANtay-AN jwAN

Days

Monday lundi lANdee

Tuesday mardi mardee

Wednesday mercredi mairkruhdee

Thursday jeudi juhdee

Friday vendredi vONdruhdee

Saturday samedi samdee

Sunday dimanche deemONsh

Months

January janvier jONvee-ay

February février fayvree-ay

March mars marss

April april apreel

May mai may

June juin jwAN

July juillet jwee-yay

August août OO

September septembre septONbr

October octobre oktobr

November novembre novONbr

December décembre daysONbr

Time

am du matin dOO matAN

pm (afternoon) de l'après-midi
duh lapray-meedee
(evening) du soir dOO swahr

what time is it? quelle heure
est-il? kel urr ayteel

one o'clock une heure OOn urr

two o'clock deux heures duh zur

it's one o'clock il est une heure
eel ay OOn urr

it's two o'clock il est deux
heures eel ay duh zurr

it's ten o'clock il est dix heures
eel ay dee zurr

five past one une heure cinq
OOn urr sANK

ten past two deux heures dix
duh zurr deess

quarter past one une heure et
quart OOn urr ay kar

quarter past two deux heures
et quart duh zurr ay kar

half past ten dix heures et
demie dee zurr ay duhmee

twenty to ten dix heures moins
vingt dee zurr mwAN VAN

quarter to two deux heures
moins le quart duh zurr mwAN
luh kar

at half past four à quatre heures
et demie a katr urr ay duhmee

at eight o'clock à huit heures
a weet urr

14.00 quatorze heures katorz urr

17.30 dix-sept heures trente
deesset urr trOnt

2am deux heures du matin
duh zurr dOO matAN

2pm deux heures de l'après-midi
duh zurr duh lapray-meedee

6am six heures du matin
seez urr dOO matAN

6pm six heures du soir
seez urr dOO swahr

noon midi meedee

midnight minuit meenwee

an hour une heure OOn urr

a minute une minute OOn meenOOt

two minutes deux minutes
duh meenOOt

a second une seconde
OOn suhgOnd

a quarter of an hour un quart
d'heure AN kar durr

half an hour une demi-heure
OOn duhmee urr

three quarters of an hour
trois quarts d'heure trwa kar durr

Numbers

0 zéro zayro

1 un AN

2 deux duh

3 trois trwa

4 quatre katr

5 cinq sANK

6 six seess

7 sept set

8 huit weet

9 neuf nuhf

10 dix deess

11 onze ONz

12 douze dooz

13 treize trez

14 quartorze katorz

15 quinze kANz

16 seize sez

17 dix-sept deesset

18 dix-huit deez-weet

19 dix-neuf deez-nuhf

20 vingt vAN

21 vingt-et-un vANtay-AN

22 vingt-deux vAN-duh

23 vingt-trois vAN-trwa

30 trente trONt

31 trente-et-un trONtay-an

40 quarante karONt

50 cinquante sANkONt

60 soixante swassONt

70 soixante-dix swassONt-deess

80 quatre-vingts katr-vAN

90 quatre-vingt-dix katr-vAN-deess

100 cent sON

110 cent dix SON deess

200 deux cents duh SON

1000 mille meel

2000 deux mille duh meel

5000 cinq mille sANk meel

1,000,000 un million AN meel-yON

In French, millions are written with spaces instead of commas, e.g. 1 500 000. Decimals are written with a comma, e.g. **3.5** would be 3,5.

Ordinals

1st premier pruhm-yay

2nd deuxième duhz-yem

3rd troisième trwaz-yem

4th quatrième katree-yem

5th cinquième sANk-yem

6th sixième seez-yem

7th septième set-yem

8th huitième weet-yem

9th neuvième nuhv-yem

10th dixième deez-yem

Regional accents

Travelling in France, you may encounter numerous local dialects or *patois*, as well as the distinct languages of Breton (spoken in Brittany and related to both Cornish and Welsh) and Basque (spoken in the southwest corner of France and crossing over into Spain). Occitan, also known as Provençal, can be heard in much of southern France. However, speakers of all these languages also speak French, so the vocabulary and phrases in this book will stand you in good stead anywhere in France, or indeed in Belgium, Switzerland, Luxembourg or French-speaking Canada.

You will hear various accents as you travel around France, the most noticeably different being the *accent du midi* of southern France. A typical Toulouse or Nice accent will shift the sounds that this book presents as ON to something more like ann. For example, the expression accent du midi is pronounced axON dOO meedee in northern France but axann dOO meedee in the south. In

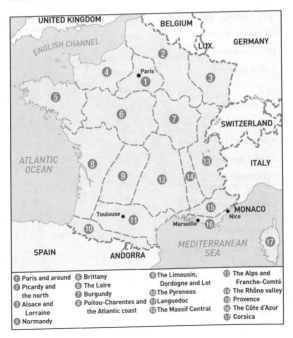

1 Paris and around
2 Picardy and the north
3 Alsace and Lorraine
4 Normandy
5 Brittany
6 The Loire
7 Burgundy
8 Poitou-Charentes and the Atlantic coast
9 The Limousin, Dordogne and Lot
10 The Pyrenees
11 Languedoc
12 The Massif Central
13 The Alps and Franche-Comté
14 The Rhône valley
15 Provence
16 The Côte d'Azur
17 Corsica

the Marseilles accent, this ann becomes more like anng. Another feature of the southern accent is the common word avec (with), which is pronounced avay.

In the south, spoken French can have a more sing-song intonation, showing Spanish or Italian influence, and people

	French word	standard French pronunciation
lengthening of the 'a' sound	Paris	paree
ON becomes ann or anng	souvent	sOOvON
AN becomes ANg	pain	pAN
oh becomes o	sauce	sohss
final e sounded	vendanges	vONdONj
	monde	mONd
j becomes ch	jaune	jo-n
omission	encore	ONkor
v becomes f	grave	grahv
d becomes t	malade	malad
c becomes ch (sh in pronunciation)	c'est	say
g becomes ch (sh in pronunciation)	fromage	fromahj
ch becomes k	chien	shee-AN
â is pronounced ah	gâteau	gato
oi become o	froid	frwa
oi becomes i	moi	mwa
a at the end of a word becomes o as in 'got'	ça	sa

seem to take the time to articulate and pronounce everythin...
Northerners, on the other hand, may have a flatter accent, and
tend to omit some syllables.

The table below contains examples of the distinctive character-
istics that can be heard in regional French accents.

Southern France	Marseilles	Alsace and Lorraine	Picardy and the north	Paris
paree	paree	paree	paree	pah-ree
soovann	soovanng	soovON	soovAN	soovON
pAN	pANg	pAN	pAN	pAN
soss	soss	soss	soss	sohss
vanndannjuh	vanndannjuh	vONdONj	vONdONj	vONdONj
mONduh	mONduh	mONd	mONd	mONd
jo-n	jo-n	cho-n	jo-n	jo-n
annkoruh	annkoruh	ONkor	kor	ONkor
grahvuh	grahvuh	grahv	grahf	grahv
maladuh	maladuh	malad	malat	malad
say	say	say	shay	say
fromahjuh	fromahjuh	fromahj	fromash	fromahj
shee-AN	shee-AN	shee-AN	kee-AN	shee-AN
gato	gato	gato	gahto	gahto
frwa	frwa	frwa	fro	frwa
mwa	mwa	mwa	mee	mwa
sa	sa	sa	so	sa

SCENARIOS

Download these scenarios as MP3s from
www.roughguides.com/phrasebooks

1. Accommodation

▶ **Is there an inexpensive hotel you can recommend?**
Pouvez-vous me recommander un hôtel bon marché?
poovay-voo muh ruhkomoNday AN otel boN marshay

>> **I'm sorry, they all seem to be fully booked.**
Désolé, ils sont tous complets.
dayzolay eel SON tooss kONplay

▶ **Can you give me the name of a good middle-range hotel?**
Pouvez-vous me donner le nom d'un bon hôtel à prix moyen.
poovay-voo muh donay luh noN dAN bonotel a pree mwa-yAN

>> **Let me have a look, do you want to be in the centre?**
Voyons; vous voulez être dans le centre?
vwa-yoN voo voolay zetr doN luh soNtr

▶ **If possible.**
Si possible.
see posseebl

>> **Do you mind being a little way out of town?**
Est-ce que ça vous dérange d'être un peu en dehors
de la ville?
eskuh sa voo dayroNj detr AN puh oN duh-or duh la veel

▶ **Not too far out.**
Pas trop en dehors.
pa tro oN duh-or

▶ **Where is it on the map?**
Où est-ce sur le plan?
oo ess soor luh ploN

▶ **Can you write the name and address down?**
Pouvez-vous me noter le nom et l'adresse?
poovay-voo muh notay luh noN ay ladress

▶ **I'm looking for a room in a private house.**
Je cherche une chambre chez l'habitant.
juh shairsh oon shoNbr shay labeetoN

2. Banks

bank account	le compte en banque	kONt ON bonk
to change money	changer de l'argent	shONjay duh larjON
cheque	le chèque	shek
to deposit	déposer	daypozay
euro	l'euro	urro
pin number	le code	kod
pound	la livre	leevr
to withdraw	retirer	ruhteeray

▶ Can you change this into euros?
Pouvez-vous changer ceci en euros?
poovay-voo shONjay suhsee ON nurro

    ▶▶ How would you like the money?
    Comment désirez-vous votre argent?
    komON dayzeeray-voo votr arjON

▶ Small notes.   ▶ Big notes.
Petites coupures.   Grosses coupures.
puhteet koopOOr   gross koopOOr

▶ Do you have information in English about opening an account?
Avez-vous des informations en anglais pour l'ouverture d'un compte?
avay-voo dayzANformass-yON on nONglay poor loovairtOOr dAN kONt

    ▶▶ Yes what sort of account do you want?
    Oui, quelle sorte de compte désirez-vous ouvrir?
    wee kel sort duh kONt dayzeeray-voo zoovreer

▶ I'd like a current account.
Je voudrais ouvrir un compte courant.
juh voodray zoovreer AN kONt koorON

    ▶▶ Your passport, please.
    Votre passeport, s'il vous plaît.
    votr pass-por seel voo play

▶ Can I use this card to draw some cash?
Puis-je retirer de l'argent avec cette carte?
pweej ruhteeray duh larjON avek set kart

    ▶▶ You have to go to the cashier's desk.
    Vous devez aller à la caisse.
    voo duhvay zalay ala kess

▶ I want to transfer this to my account at the Banque de France.

Je voudrais transférer ceci sur mon compte à la Banque de France.

juh voodray trONss-fayray suhsee sOOr mON kONt ala bONk duh frONss

> ▶▶ OK, but we'll have to charge you for the phonecall.
>
> **D'accord, mais vous devrez régler la communication.**
>
> dakor may voo duhvray rayglay la komOOneekass-yON

3. Booking a room

shower	la douche	doosh
telephone in the room	le téléphone dans la chambre	taylayfon dON la shONbr
payphone in the lobby	téléphone public dans le hall	taylayfon pOObleek dON luh ol

▶ Do you have any rooms?

Avez-vous des chambres libres?

avay-voo day shONbr leebr

> ▶▶ For how many people?
>
> **Pour combien de personnes?**
>
> poor kONb-yAN duh pairson

▶ For one/for two.

Pour une personne/pour deux personnes.

poor OOn pairson/poor duh pairson

> ▶▶ Yes, we have rooms.
>
> **Oui, nous avons des chambres libres.**
>
> wee noo zavON day shONbr leebr

> ▶▶ For how many nights?
>
> **Pour combien de temps?**
>
> poor kONb-yAN duh tON

▶ Just for one night.

Juste pour une nuit.

jOOst poor OOn nwee

▶ How much is it?

Combien est-ce?

kONb-yAN ess

▶▶ 90 euros with bathroom and 70 euros without bathroom.
90 euros avec salle de bain et 70 euros sans.
katr vAN dee zurro avek sal duh BAN ay swassONt deess SON

▶ Does that include breakfast?
Le petit-déjeuner est-il compris?
luh puhtee dayjuhnay ayteel kONpree

▶ Can I see a room with bathroom?
Puis-je voir une chambre avec salle de bain?
pweej vwahr OOn shONbr avek sal duh BAN

▶ OK, I'll take it.
D'accord, je la prends.
dakor juh la prON

▶ When do I have to check out?
Quand dois-je libérer la chambre?
kON dwaj leebayray la shONbr

▶ Is there anywhere I can leave luggage?
Puis-je laisser mes bagages quelque part?
pweej lessay may bagahj kelkuh par

4. Car hire

automatic	automatique	otomateek
full tank	le réservoir plein	raysairvwahr plAN
manual	manuelle	manwel
rented car	la voiture de location	vwatOOr duh lokass-yON

▶ I'd like to rent a car.
Je voudrais louer une voiture.
juh voodray looay OOn vwatOOr

▶▶ For how long?
Pour combien de temps?
poor kONb-yAN duh tON

▶ Two days.
Deux jours.
duh joor

▶ I'll take the...
Je prends la...
juh prON la...

▶ Is that with unlimited mileage?
Est-ce que c'est avec kilométrage illimité?
eskuh say tavek kilomaytrahj eeleemeetay

▶▶ Yes.
Oui.
wee

▶▶ Can I see your driving licence, please?
Puis-je voir votre permis de conduire, s'il vous plaît?
pweej vwahr votr pairmee duh kONdweer seel voo play

▶▶ And your passport.
Et votre passeport.
ay votr pass-por

▶ Is insurance included?
l'assurance est-elle comprise?
lassOOrONss aytel kONpreez

▶▶ Yes, but you have to pay the first 100 euros.
Oui, mais il y a une franchise de cent euros.
wee mayzeel ya OOn frONsheez duh sON urro

▶▶ Can you leave a deposit of 100 euros?
Pouvez-vous laisser cent euros de caution?
poovay-voo lessay sON urro duh koss-yON

▶ And if this office is closed, where do I leave the keys?
Et si cette agence est fermée, où dois-je laisser les clés?
ay see set ajONss ay fairmay oo dwaj lessay lay klay

▶▶ You drop them in that box.
Laissez-les dans cette boîte.
lessay-lay dON set bwat

5. Car problems

brakes	les freins	frAN
to break down	tomber en panne	tONbay ON pan
clutch	l'embrayage	ONbray-ahj
diesel	le diesel	d-yayzel
flat battery	la batterie à plat	batree a pla
flat tyre	le pneu à plat	p-nuh a pla
petrol	l'essence	essONss

▶ Excuse me, where is the nearest petrol station?
Excusez-moi, où est la station-service la plus proche?
exkOOzay-mwa oo ay la stass-yON-sairveess la plOO prosh

▶▶ In the next town, about 5km away.
Dans la ville d'à côté, à cinq kilomètres d'ici environ.
dON la veel da kotay a sANk keelometr dee-see ONveerON

▶ The car has broken down.
La voiture est en panne.
la vwatOOr ay tON pan

▶▶ Can you tell me what happened?
Pouvez-vous me dire ce qu'il s'est passé?
poovay-voo muh deer suh keel say passay

▶ I've got a flat tyre.
Un de mes pneus est à plat.
AN duh may p-nuh ay ta pla

▶ I think the battery is flat.
Je crois que la batterie est à plat.
juh krwa kuh la batree ay ta pla

▶▶ Can you tell me exactly where you are?
Pouvez-vous me dire où vous êtes exactement?
poovay-voo muh deer oo voo zet exaktuhmON

▶ I'm about 2km outside of Confolens on the D952.
Je suis à deux kilomètres environ à la sortie de Confolens sur la D952.
juh swee za duh keelometr ONveerON a la sortee de konfolON sOOr la day nuhf SON SANKONt duh

▶▶ What type of car? What colour?
Quel type de voiture? Quelle couleur?
kel teep duh vwatOOr, kel koolurr

▶ Can you send a tow truck?
Pouvez-vous envoyer une dépanneuse?
poovay-voo ONvwy-ay OOn daypanurz

6. Children

baby	le bébé	baybay
boy	le garçon	garsON
child	l'enfant	ONfON
children	les enfants	ONfON
cot	le lit de bébé	lee duh baybay
formula	le lait en poudre	lay ON poodr
girl	la fille	fee
highchair	la chaise haute	shez oht
nappies (diapers)	les couches	koosh

▶ We need a babysitter for tomorrow evening.
Nous avons besoin d'une baby-sitter pour demain soir.
noo zavON buhzwAN dOOn baby-sitter poor duhmAN swahr

▶▶ For what time?
Pour quelle heure?
poor kel urr

▶ From 7.30 to 11.00.
De dix-neuf heures trente à vingt-trois heures.
duh deez-nuhf urr trONt a vANt-trwa zurr

▶▶ How many children? How old are they?
Combien d'enfants? Quel âge ont-ils?
kONb-yAN dONfON, kel ahj ONteel

▶ Two children, aged four and eighteen months.
Deux enfants, âgés de quatre ans et de dix-huit mois.
duh zONfON ahjay duh katr ON ay duh deez-weet mwa

▶ Where can I change the baby?
Où puis-je changer le bébé?
oo pweej shONjay luh baybay

▶ Could you please warm this bottle for me?
Pourriez-vous réchauffer ce biberon?
pooree-ay-voo ray-shohfay suh beebuhrON

▶ Can you give us a child's portion?
Pouvez-vous nous servir une portion pour enfant?
poovay-voo noo sairveer OOn pors-yON poor ONfON

▶ We need two child seats.
Il nous faut deux sièges-auto pour enfant.
eel noo fo duh see-ej-oto poor ONfON

▶ Is there a discount for children?
Y a-t-il un tarif réduit pour les enfants?
yateel AN tareef ray-dwee poor lay zONfON

7. Communications: Internet

@, at sign	l'arobase	arobaz
computer	l'ordinateur	ordeenaturr
email	l'e-mail	e-mail
Internet	l'Internet	ANtairnet
keyboard	le clavier	klav-yay
mouse	la souris	sooree

▶ Is there somewhere I can check my emails?
Y a-t-il un endroit où je puisse vérifier mes e-mails?
yateel AN ONdrwa oo juh pweess vayreef-yay mayz e-mails

▶ Do you have Wi-Fi?
Vous avez un réseau wifi?
voo zavay AN rayzo wee-fee

▶ Is there an Internet café around here?
Y a-t-il un café Internet dans le coin?
yateel AN kafay ANtairnet dON luh kwAN

▶▶ Yes, there's one in the shopping centre.
Oui, il y en a un dans le centre commercial.
wee eel yON a AN dON luh sONtr komairs-yal

▶▶ Do you want fifteen minutes, thirty minutes or one hour?
Voulez-vous quinze minutes, trente minutes ou une heure?
voolay-voo kANz meenOOt trONt meenOOt oo OOn urr

▶ Thirty minutes please. Can you help me log on?
Trente minutes s'il vous plaît. Pouvez-vous m'aider à me connecter?
trONt meenOOt seel voo play, poovay-voo mayday a muh konektay

▶▶ OK, here's your password.
Très bien, voici votre mot de passe.
tray b-yAN vwa-see votr mo duh pass

▶ Can you change this to an English keyboard?
Pouvez-vous changer le clavier en clavier anglais?
poovay-voo shONjay luh klav-yay ON klav-yay ONglay

▶ I'll take another quarter of an hour.
J'aurai besoin de quinze minutes de connexion en plus.
joray buhzwAN duh kANz meenOOt duh konex-yON ON plOOss

▶ Is there a printer I can use?
Vous avez une imprimante que je puisse utiliser?
voo zavay OOn ANpreemONt kuh juh pweess OOteeleezay

8. Communications: phones

mobile phone (cell phone)	le téléphone portable	taylayfon portahbl
payphone	le téléphone public	taylayfon pOObleek
phone call	l'appel téléphonique	apel taylayfoneek
phone card	la carte téléphonique	kart taylayfoneek
phone charger	le chargeur de portable	sharjurr duh portahbl
SIM card	la carte SIM	kart seem

▶ Can I call abroad from here?
Puis-je appeler l'étranger d'ici?
pweej aplay laytrONjay dee-see

▶ How do I get an outside line?
Comment puis-je obtenir une ligne extérieure?
komON pweej obtuhneer OOn leeN extayree-urr

▶ What's the code to call the UK/US from here?
Quel est l'indicatif pour appeler le Royaume-Uni/les États-Unis d'ici?
kel ay lANdeekateef poor aplay luh rwy-ohm-OOnee/lay zayta-OOnee dee-see

▶ Hello, can I speak to Marcel?
Bonjour, puis-je parler à Marcel?
bONjoor pweej parlay a marcel

>> Yes, that's me speaking.
Oui, c'est moi.
wee say mwa

▶ Do you have a charger for this?
Avez-vous un chargeur pour ce portable?
avay-voo AN sharjurr poor suh portahbl

▶ Can I buy a SIM card for this phone?
Puis-je acheter une carte SIM pour ce portable?
pweej ashtay OOn kart seem poor suh portahbl

zero	zéro	zayro
one	un	AN
two	deux	duh
three	trois	trwa
four	quatre	katr
five	cinq	sANK
six	six	seess
seven	sept	set
eight	huit	weet
nine	neuf	nuhf

9. Directions

past the...	après le...	apray luh
in front of	devant	duhvON
on the right	à droite	a drwat
back	en arrière	ONnar-yair
opposite	en face de	ON fass duh
on the left	à gauche	a gohsh
just after	juste après	jOOst apray
over there	là-bas	laba
further	plus loin	plOO lwAN
near	près de	pray duh
next	prochain, prochaine	proshAN, proshen
street	rue	rOO
turn off	tourner	toornay
straight ahead	out droit	too drwa

▶ Hi, I'm looking for rue de la Paix.
Bonjour, je cherche la rue de la Paix.
bONjoor juh shairsh la rOO duh la pay

▶ Hi, rue de la Paix, do you know where it is?
Bonjour, la rue de la Paix, vous connaissez?
bONjoor la rOO duh la pay voo konessay

    ▶▶ Sorry, never heard of it.
    Désolé, je ne connais pas.
    dayzolay juh nuh konay pa

▶ Hi, can you tell me where rue de la Paix is?
Bonjour, pouvez-vous me dire où se trouve la rue de la Paix?
bONjoor poovay-voo muh deer oo suh troov la rOO duh la pay

    ▶▶ I'm a stranger here too.
    Je ne suis pas d'ici non plus.
    juh nuh swee pa dee-see nON plOO

▶ Where?
Où?
oo

▶ Which direction?
Quelle direction?
kel deereks-yON

▶▶ Left at the second traffic lights.
Au deuxième feu à gauche.
o duhz-yem fuh a gohsh

▶▶ Around the corner.
Juste au coin.
jOOsto kwAN

▶▶ Then it's the first street on the right.
Ensuite c'est la première à droite.
ONsweet say la pruhm-yair a drwat

10. Emergencies

accident	l'accident	akseedON
ambulance	l'ambulance	ONbOOlONss
consul	le consul	kONsOOl
embassy	l'ambassade	ONbassad
fire brigade	les pompiers	pONp-yay
police	la police	poleess

▶ Help!
À l'aide!
a led

▶ Can you help me?
Pouvez-vous m'aider?
poovay-voo mayday

▶ Please come with me! It's really very urgent.
Suivez-moi s'il vous plaît! C'est vraiment très urgent.
sweevay-mwa seel voo play say vraymON tray zOOrjON

▶ I've lost my keys.
J'ai perdu mes clés.
jay pairdOO may klay

▶ My mobile is not working.
Mon portable ne marche pas.
mON portahbl nuh marsh pa

▶ My purse has been stolen.
On m'a volé mon sac à main.
ON ma volay mON sakamAN

▶ I've been mugged.
On m'a agressée.
ON ma agressay

▶▶ What's your name?
Comment vous-appelez vous?
komON voo zaplay-voo

▶▶ I need to see your passport.
Montrez-moi votre passeport.
mONtray-mwa votr pass-por

▶ I'm sorry, all my papers have been stolen.
Désolé, on m'a volé tous mes papiers.
dayzolay ON ma volay too may pap-yay

11. Friends

▶ Hi, how're you doing?
Bonjour, ça va?
bONjoor sa va

▶▶ OK, and you?
Oui, et toi?
wee ay twa

▶ Yeah, fine.   ▶ Not bad.
Oui, ça va.   Pas mal.
wee sa va   pa mal

▶ Do you know Mark?
Tu connais Mark?
too konay mark

▶ And this is Hannah.
Et voici Hannah.
ay vwa-see hanna

▶▶ Yeah, we know each other.
Oui, nous nous connaissons.
wee noo noo konessON

▶ Where do you know each other from?
D'où vous connaissez-vous?
doo voo konessay-voo

▶▶ We met at Léo's place.
Nous nous sommes rencontrés chez Léo.
noo noo som rONkONtray shay lay-o

▶ That was some party, eh?
C'était une fête super, hein?
saytay OOn fet sOOpair AN

▶▶ The best.
Géniale.
jayñal

▶ Are you guys coming for a beer?
Vous venez prendre une bière?
voo vuhnay prONdr OOn b-yair

▶▶ Cool, let's go.
Cool, on vient.
kool ON v-yAN

▶▶ No, I'm meeting Lola.
Non, j'ai rendez-vous avec Lola.
nON jay rONday-voo avek lola

▶ See you at Luke's place tonight.
À ce soir chez Luke.
a suh swahr shay look

▶▶ See you.
À plus.
a plOOss

12. Health

antibiotics	les antibiotiques	ONteeb-yoteek
antiseptic ointment	la pommade antiseptique	pomad ONteesepteek
cystitis	la cystite	seesteet
dentist	le dentiste	dONteest
diarrhoea	la diarrhée	d-yaray
doctor	le médecin	maydsAN
hospital	l'hôpital	opee-tal
ill	malade	malad
medicine	le médicament	maydeekamON
painkillers	les analgésiques	analjayzeek
pharmacy	la pharmacie	farmassee
to prescribe	prescrire	preskreer
thrush	le muguet	mOOgay

▶ I'm not feeling very well.
Je ne me sens pas très bien.
juh nuh muh sON pa tray b-yAN

▶ Can you get a doctor?
Pouvez-vous appelez un médecin?
poovay-voo aplay AN maydsAN

>> Where does it hurt?
Où avez-vous mal?
oo avay-voo mal

▶ It hurts here.
J'ai mal ici.
jay mal ee-see

>> Is the pain constant?
Avez-vous mal tout le temps?
avay-voo mal too luh tON

▶ It's not a constant pain.
Je n'ai pas mal tout le temps.
juh nay pa mal too luh tON

▶ Can I make an appointment?
Est-ce que je peux prendre rendez-vous?
eskuh juh puh prONdr rONday-voo

▶ Can you give me something for…?
Pouvez-vous me donner quelque chose contre…?
poovay-voo muh donay kelkuh shohz kONtr

▶ Yes, I have insurance.
Oui, je suis assuré.
wee juh swee zassOOray

13. Hotels

maid	la femme de chambre	fam duh shONbr
manager	le directeur / la directrice	deerekturr / deerektreess
room service	le service d'étage	sairveess daytahj

▶ Hello, we've booked a double room in the name of Cameron.
Bonjour, nous avons réservé une chambre double au nom de Cameron.
bONjoor noo zavON rayzairvay OOn shONbr doobl o nON duh cameron

> ▶▶ That was for four nights, wasn't it?
> **Pour quatre nuits, c'est bien ça?**
> poor katr nwee say b-yan sa

▶ Yes, we're leaving on Saturday.
Oui, nous partons samedi.
wee noo partON samdee

> ▶▶ Can I see your passport please?
> **Puis-je voir votre passeport s'il vous plaît?**
> pweej vwahr votr passpor seel voo play

> ▶▶ There you are, room 321 on the third floor.
> **Voilà, vous avez la chambre trois cent vingt-et-un au troisième étage.**
> vwala voo zavay la shONbr trwa sON vANtayAN o trwaz-yem aytahj

▶ I can't get this keycard to work.
Je n'arrive pas à faire marcher cette carte-clé.
juh nareev pa a fair marshay set kart-klay

> ▶▶ Sorry, I need to reactivate it.
> **Désolé, je dois la réactiver.**
> dayzolay juh dwa la ray-akteevay

▶ What time is breakfast?
À quelle heure servez-vous le petit-déjeuner?
a kel urr sairvay-voo luh puhtee-dayjuhnay

▶ There aren't any towels in my room.
Il n'y a pas de serviettes de bain dans ma chambre.
eel nya pa duh sairvee-et duh bAN dON ma shONbr

▶ My flight isn't until this evening, can I keep the room a bit longer?
Mon vol ne décolle pas avant ce soir, puis-je rester dans la chambre un peu plus longtemps?
mON vol nuh daykol pa avON suh swahr pweej restay dON la shONbr ON puh plOO lONtON

▶ Can I settle up? Is this card OK?
Puis-je régler la chambre? Vous acceptez cette carte?
pweej rayglay la shONbr, voo zaxeptay set kart

14. Language difficulties

a few words	quelques mots	kelkuh mo
interpreter	l'interprète	ANtairpret
to translate	traduire	tradweer

▶▶ Your credit card has been refused.
Votre carte de crédit a été refusée.
votr kart duh kraydee a aytay ruhfoozay

▶ What, I don't understand; do you speak English?
Pardon, je ne comprends pas; parlez-vous anglais?
pardON juh nuh kONprON pa; parlay-voo ONglay

▶▶ This isn't valid.
Ce n'est pas valide.
suh nay pa valeed

▶ Could you say that again?   ▶ Slowly.
Pouvez-vous répéter?   **Doucement.**
poovay-voo raypaytay   dooss-mON

▶ I understand very little French.
Je ne comprends pas beaucoup le Français.
juh nuh kONprON pa bookoo luh frONsay

▶ I speak French very badly.
Je parle très mal le Français.
juh parl tray mal luh frONsay

▶▶ You can't use this card to pay.
Vous ne pouvez pas payer avec cette carte.
voo nuh poovay pa pay-yay avek set kart

▶▶ Do you understand?
Comprenez-vous?
kONpruhnay-voo

▶ Sorry, no.
Non, désolé.
nON dayzolay

▶ Is there someone who speaks English?
Est-ce qu'il y a quelqu'un qui parle Anglais?
eskeel ya kelkAN kee parl ONglay

▶ Oh, now I understand
Ah, je comprends maintenant.
ah juh kONprON mANtnON

▶ Is that OK now?
Est-ce que ça va maintenant?
eskuh sa va mANtnON

15. Meeting people

▶ Hello.
Bonjour.
bONjoor

▶▶ Hello, my name's Marie.
Bonjour, je m'appelle Marie.
bONjoor juh mapel maree

▶ Graham, from England, Thirsk.
Graham, de Thirsk en Angleterre.
graham duh thirsk ON nONgluhtair

▶▶ Don't know that, where is it?
Je ne connais pas, où est-ce?
juh nuh konay pa, oo ess

▶ Not far from York, in the North; and you?
Pas très loin de York, dans le nord; et vous?
pas tray lwAN duh york, dON luh nor; ay voo

▶▶ I'm from Pau; here by yourself?
Je suis de Pau; vous êtes ici tout seul?
juh swee duh po; voo zet zee-see too surl

▶ No, I'm with my wife and two kids.
Non, avec ma femme et mes deux enfants.
nON avek ma fam ay may duh zONfON

▶ What do you do?
Qu'est-ce que vous faites?
keskuh voo fet

▶▶ I'm in computers.
Je suis dans l'informatique.
juh swee dON lANformateek

▶ Me too.
Moi aussi.
mwa o-see

▶ Here's my wife now.
Voici ma femme.
vwa-see ma fam

▶▶ Nice to meet you.
Enchanté de faire votre connaissance.
ONshONtay duh fair votr konessONss

16. Nightlife

heavy metal	heavy metal	evee maytal
folk	folk	folk
jazz	jazz	jazz
hip-hop	hip-hop	eep-op
electro	électro	aylektro
rock	rock	rok

▶ What's a good club for...?
Vous connaissez une bonne boîte de nuit qui passe de la musique...?
voo konessay OOn bon bwat duh nwee kee pass duh la mOOzeek

▶▶ There's going to be a great gig at the Olympia tomorrow night.
Il va y avoir un super concert demain soir à l'Olympia.
eel va yavwahr AN sOOpair kONsair duhmAN swahr a lolANpee-a

▶ Where can I hear some local music?
Où est-il possible d'écouter de la musique locale?
oo ayteel posseebl daykootay duh la moozeek lo-kal

▶ What's a good place for dancing?
Vous connaissez un endroit bien pour danser?
voo konessay AN ONdrwa b-yAN poor dONsay

▶ Can you write down the names of the best bars around here?
Pouvez-vous écrire les noms des meilleurs bars des environs?
poovay-voo aykreer lay nON day may-yurr bar day zONveerON

>> ▶▶ That depends what you're looking for.
Ça dépend de ce que vous recherchez.
sa daypON duh suh kuh voo rayshairshay

▶ The place where the locals go.
L'endroit où vont les gens du coin.
lONdrwa oo vON lay jON doo kwAN

▶ A place for a quiet drink.
Un endroit pour boire un verre tranquillement.
AN ONdrwa poor bwahr AN vair trONkeelmON

▶▶ The casino across the bay is very good.
Le casino de l'autre côté de la baie est très bien.
luh kasseeno duh lohtr kotay duh la bay ay tray b-yAN

▶ I suppose they have a dress code.
J'imagine qu'un code vestimentaire est de rigueur.
jeemajeen KAN kod vesteemONtair ay duh reegurr

▶▶ You can wear what you like.
Vous pouvez vous habillez comme vous voulez.
voo poovay voo zabeeyay kom voo voolay

▶ What time does it close?
À quelle heure ferment-ils?
a kel urr fairm-teel

17. Post offices

airmail	par avion	par av-yON
post card	la carte postale	kart postal
post office	la poste	posst
stamp	le timbre	tANbr

▶ What time does the post office close?
À quelle heure ferme la poste?
a kel urr fairm la posst

▶▶ Five o'clock weekdays.
À dix-sept heures les jours de semaine.
a deesset urr lay joor duh suhmen

▶ Is the post office open on Saturdays?
La poste est-elle ouverte le samedi?
la posst aytel oovairt luh sam-dee

▶▶ Until twelve.
Jusqu'à midi.
j00ska meedee

▶ I'd like to send this registered to England.
J'aimerais envoyer ceci en Angleterre en recommandé.
jemray zONvwy-yay suhsee ON nONgluhtair ON ruhkomONday

▶▶ Certainly, that will cost 10 euros.
Très bien, ce sera dix euros.
tray b-yAN suh suhra dee zurro

▶ And also two stamps for England, please.
Et deux timbres pour l'Angleterre, s'il vous plaît.
ay duh tANbr poor lONgluhtair seelvooplay

COLIS	parcels
ÉTRANGER	international
INTÉRIEUR	domestic

▶ Do you have some airmail stickers?
Avez-vous des étiquettes par avion?
avay-voo day zayteeket par av-yON

▶ Do you have any mail for me?
Avez-vous du courrier pour moi?
avay-voo d00 koor-yay poor mwa

18. Restaurants

bill	l'addition	adeess-yON
menu	le menu	muhn00
table	la table	tahbl

▶ Can we have a non-smoking table?
Pouvons-nous avoir une table pour non-fumeurs?
poovON-noo zavwahr OOn tahbl poor nON fOOmurr

▶ There are two of us.
Nous sommes deux.
noo som duh

▶ There are four of us.
Nous sommes quatre.
noo som katr

▶ What's this?
Qu'est-ce que c'est?
keskuh say

>> It's a type of fish.
C'est une sorte de poisson.
say tOOn sort duh pwassON

>> It's a local speciality.
C'est une spécialité locale.
say tOOn spayss-yaleetay lo-kal

>> Come inside and I'll show you.
Entrez, je vais vous montrer.
ONtray juh vay voo mONtray

▶ We would like two of these, one of these and one of those.
Nous en voudrions deux comme ceci, un comme ceci et un comme cela.
noo zON voodree-yON duh kom suhsee AN kom suhsee ay AN kom suhla

>> And to drink?
Et comme boisson?
ay kom bwassON

▶ Red wine.
Du vin rouge.
dOO vAN rooj

▶ White wine.
Du vin blanc.
dOO vAN blON

▶ A beer and two orange juices.
Une bière et deux jus d'orange.
OOn bee-air ay duh jOO dorONj

▶ Some more bread please.
Encore un peu de pain, s'il vous plaît.
ONkor AN puh duh pAN seel voo play

>> How was your meal?
Cela vous a plu?
suhla voo za plOO

▶ Excellent, very nice!
Excellent!, très bon!
exselON tray bON

▶▶ **Anything else?**
Autre chose?
ohtr shohz

▶ **Just the bill, thanks.**
Non, l'addition, merci.
nON ladeess-yON mairsee

19. Self-catering accommodation

air-conditioning	la climatisation	kleemateezass-yON
apartment	l'appartement	apartmON
cooker	la cuisinière	kweezeenyair
fridge	le frigo	freego
heating	le chauffage	shofahj
hot water	l'eau chaude	o shohd
lightbulb	l'ampoule	ONpool
toilet	les toilettes	twalet

▶ **The toilet's broken, can you get someone to fix it?**
Les toilettes sont hors service, pouvez-vous demander à quelqu'un de les réparer?
lay twalet sON or sairveess poovay-voo duhmONday a kelkAN duh lay rayparay

▶ **There's no hot water.**
Il n'y a pas d'eau chaude.
eel nya pa doh shohd

▶ **Can you show me how the air-conditioning works?**
Pouvez-vous me montrer comment la climatisation fonctionne?
poovay-voo muh mONtray komON la kleemateezass-yON fONks-yON

▶▶ **OK, what apartment are you in?**
D'accord, dans quel appartement êtes-vous?
dakor dON kel apartmON et-voo

▶ **We're in number five.**
Nous sommes au numéro cinq.
noo som zo nOOmayro sANk

▶ **Can you move us to a quieter apartment?**
Pouvez-vous nous transférer dans un appartement plus tranquille?
poovay-voo noo trONsfayray dON zAN apartmON plOO trONkeel

▶ Is there a supermarket nearby?
Y a-t-il un supermarché à proximité?
yateel AN sOOpairmarshay a proxeemeetay

▶▶ Have you enjoyed your stay?
Votre séjour a-t-il été agréable?
votr sayjoor ateel aytay agray-abl

▶ We had a brilliant holiday, thanks!
Nous avons passé des vacances super, merci!
noo zavON passay day vakONss sOOpair mairsee

20. Shopping

▶▶ Can I help you?
Puis-je vous aider?
pweej voo zayday

▶ Can I just have a look around?
Est-ce que je peux juste regarder?
eskuh juh puh jOOst ruhgarday

▶ Yes, I'm looking for...
Oui, je cherche...
wee juh shairsh ...

CAISSE	cash desk
ÉCHANGER	to exchange
FERMÉ	closed
OUVERT	open
SOLDES	sale

▶ How much is this?
Combien ça coûte?
kONb-yAN sa koot

▶▶ Thirty-two euros.
Trente-deux euros.
trONt duh zurro

▶ OK, I think I'll have to leave it, it's a little too expensive for me.
Bon, je vais devoir laisser, c'est un peu trop cher pour moi.
bON juh vay duhvwar lessay say tAN puh tro shair poor mwa

▶▶ How about this?
Et ceci?
ay suhsee

▶ Can I pay by credit card?
Puis-je payer par carte de crédit?
pweej pay-yay par kart duh kraydee

▶ It's too big.   ▶ It's too small.
C'est trop grand.   **C'est trop petit.**
say tro grON   say tro puhtee

▶ It's for my son – he's about this high.
C'est pour mon fils – il est à peu près grand comme ça.
say poor mON feess - eelay ta puh pray grON kom sa

▶▶ Will there be anything else?
Désirez-vous autre chose?
dayzeeray-voo ohtr shohz

▶ That's all thanks.
Non, merci, c'est tout.
nON mairsee say too

▶ Make it twenty euros and I'll take it.
Pour vingt euros j'achète.
poor vAN turro jashet

▶ Fine, I'll take it.
D'accord, j'achète.
dakor jashet

21. Shopping for clothes

to alter	retoucher	ruhtooshay
bigger	plus grand	plOO grON
just right	parfait	parfay
smaller	plus petit	plOO puhtee
to try on	essayer	essay-ay

▶▶ Can I help you?
Puis-je vous aider?
pweej voo zayday

▶ No, thanks, I'm just looking.
Non, merci, je regarde seulement.
nON mairsee juh ruhgard surlmON

▶▶ Do you want to try that on?
Voulez-vous essayer cet article?
voolay voo essay-ay set arteekl

▶ Yes, and I'll try this one too.
Oui, et je vais essayer celui-ci aussi.
wee ay juh vay essay-ay suhlwee-see o-see

▶ Do you have it in a bigger size?
Avez-vous la taille au-dessus?
avay-voo la tï o-duhsOO

▶ Do you have it in a different colour?
L'avez-vous dans une couleur différente?
lavay-voo dON zOOn koolurr deefayrONt

▶▶ That looks good on you.
Cela vous va bien.
suhla voo va b-yAN

▶ Can you shorten this?
Pouvez-vous raccourcir ce vêtement?
poovay-voo rakoorseer suh vetmON

▶▶ Sure, it'll be ready on Friday, after 12.00.
Bien sûr, ce sera prêt vendredi, après midi.
b-yAN sOOr suh suhra pray vONdruhdee apray meedee

22. Sightseeing

art gallery	le musée d'art	mOOzay dar
bus tour	la visite en bus	veezeet ON bOOs
city centre	le centre ville	sONtr veel
closed	fermé	fairmay
guide	le guide	geed
museum	le musée	mOOzay
open	ouvert	oovai

▶ I'm interested in seeing the old town.
J'aimerais voir la vieille ville.
jemray vwahr la v-yay veel

▶ Are there guided tours?
Y a-t-il des visites guidées?
yateel day veezeet geeday

▶▶ I'm sorry, it's fully booked.
Désolé, c'est complet.
dayzolay say kONplay

▶ How much would you charge to drive us around for four hours?
Combien nous prendriez-vous pour nous faire visiter pendant quatre heures?
kONb-yAN noo prONdr-yay-voo poor noo fair veezeetay pONdON katr urr

▶ Can we book tickets for the concert here?
Pouvons-nous réserver des billets pour le concert ici?
poovON-noo rayzairvay day bee-yay poor luh kONsair ee-see

▶▶ Yes, in what name?
Oui, sous quel nom?
wee soo kel nON

▶▶ Which credit card?
Quelle carte de crédit?
kel kart duh kraydee

▶ Where do we get the tickets?
Où devons-nous prendre les billets?
oo duhvON-noo prONdr lay bee-yay

▶▶ At the entrance.
À l'entrée.
a lONtray

▶ Is it open on Sundays?
Est-ce ouvert le dimanche?
ess oovair luh deemONsh

▶ How much is it to get in?
Combien coûte l'entrée?
kONb-yAN koot lONtray

▶ Are there reductions for groups of six?
Y a-t-il des réductions pour les groupes de six personnes?
yateel day raydOOks-yON poor lay groop duh see pairson

▶ That was really impressive!
C'était fantastique!
saytay fONtasteek

23. Taxis

▶ Can you get us a taxi?
Pouvez-vous nous commander un taxi?
poovay-voo noo komONday AN taxee

▶▶ For now? Where are you going?
Maintenant? Pour aller où?
mANtnON, poor alay oo

▶ To the town centre.
En ville.
ON veel

▶ I'd like to book a taxi to the airport for tomorrow.
J'aimerais réserver un taxi pour aller à l'aéroport demain.
jemray rayzairvay AN taxee poor alay a lairopor duhmAN

▶▶ Sure, at what time? How many people?
Bien sûr, à quelle heure? Pour combien de personnes?
b-yAN sOOr a kel urr, poor kONby-AN duh pairson

▶ How much is it to the Gare du Nord?
Combien ça coûte d'aller à la Gare du Nord?
kONb-yAN sa koot dalay a la gar dOO nor

▶ Right here is fine, thanks.
Ici ça ira très bien, merci.
ee-see sa eera tray b-yAN mairsee

▶ Can you wait here and take us back?
Pouvez-vous attendre ici et nous ramener?
poovay-voo atONdr ee-see ay noo ramnay

▶▶ How long are you going to be?
Combien de temps cela va vous prendre?
kONb-yAN duh tON suhla va voo prONdr

24. Trains

to change trains	changer de train	shONjay duh trAN
platform	le quai	kay
return	l'aller-retour	alay-ruhtoor
single	l'aller simple	alay sANpl
station	la gare	gar
stop	l'arrêt	aray
ticket	le billet	bee-yay

▶ How much is...?
Combien coûte...?
kONb-yAN koot

▶ A single, second class to...
Un aller simple, deuxième classe, pour...
AN alay sANpl duhz-yem klass poor...

▶ Two returns, second class to...
Deux allers-retours, deuxième classe, pour...
duh zalay-ruhtoor duhz-yem klass poor...

▶ For today.
Pour aujourd'hui.
poor ojoordwee

▶ For tomorrow.
Pour demain.
poor duhmAN

▶ For next Tuesday.
Pour mardi prochain.
poor mardee proshAN

▶▶ There's a supplement for the TGV.
Il y a un supplément à payer pour le TGV.
eel ya AN sooplaymON a pay-yay poor luh tayjayvay

▶▶ Do you want to make a seat reservation?
Voulez-vous réserver une place?
voolay-voo rayzairvay OOn plass

▶▶ You have to change at Bordeaux.
Vous devez changer à Bordeaux.
voo duhvay shONjay a bordo

▶ Is this seat free?
Cette place est-elle libre?
set plass aytel leebr

▶ Excuse me, which station are we at?
Excusez-moi, quel est cet arrêt?
exkOOzay-mwa kelay setaray

▶ Is this where I change for Nice?
Est-ce ici que je dois changer de train pour Nice?
es ee-see kuh juh dwa shONjay duh trAN poor neess

ENGLISH
→ FRENCH

A

a, an un AN, f une OOn

about: about 20 environ vingt
ONveerON

  it's about 5 o'clock il est cinq
heures environ

  a film about France un film
sur la France sOOr

above au-dessus de o-duh-sOO duh

abroad à l'étranger a laytrONjay

absolutely (I agree) absolument
absolOOmON

accelerator l'accélérateur m
axaylayraturr

accept accepter axeptay

accident l'accident m axeedON

  there's been an accident
il y a eu un accident eelya OO

accommodation le logement
lojmON

accurate précis praysee

ache la douleur doolurr

  my back aches j'ai mal au
dos jay

across: across the road
de l'autre côté de la route
duh lohtr kotay duh

adapter l'adaptateur m adaptaturr

  (plug) la prise multiple
preez mOOlteepl

address l'adresse f adress

  what's your address? quelle
est votre adresse? kel ay votr

address book le carnet
d'adresses karnay dadress

admission charge le droit

d'entrée drwa dONtray

adult l'adulte mf adOOlt

advance: in advance d'avance
davONss

aeroplane l'avion m av-yON

after après apray

  after you après toi/vous
twa/voo

afternoon l'après-midi m
apray-meedee

  in the afternoon l'après-midi

  this afternoon cet après-midi

aftershave l'après-rasage m
apray-razahj

aftersun cream la crème après-
soleil krem apray-solay

afterwards ensuite ONsweet

again de nouveau duh noovo

against contre kONtr

age l'âge m ahj

ago: a week ago il y a une
semaine eelya

  an hour ago il y a une heure

agree: I agree je suis d'accord
juh swee dakor

AIDS le SIDA seeda

air l'air m

  by air en avion ON avyON

air-conditioning la climatisation
kleemateezass-yON

airmail: by airmail par avion
avyON

airmail envelope l'enveloppe
par avion f ONvlop par avyON

airport l'aéroport m a-airopor

  to the airport, please à
l'aéroport, s'il vous plaît

airport bus la navette de l'aéroport navet

aisle seat la place côté couloir plass kotay koolwahr

alarm clock le réveil rayvay

alcohol l'alcool m alkol

alcoholic alcoolisé alkoleezay

Algeria l'Algérie f aljayree

Algerian (*adj*) algérien aljayree-AN

all: all the boys tous les garçons too

all the girls toutes les filles toot

all of it tout too

all of them tous tooss

that's all, thanks c'est tout, merci

allergic: I'm allergic to... je suis allergique à... juh swee alairjeek

allowed: is it allowed? est-ce que c'est permis? eskuh say pairmee

all right d'accord dakor

I'm all right ça va sa

are you all right? ça va?

almond l'amande f amOND

almost presque presk

alone seul surl

alphabet l'alphabet m alfabay

a ah	**g** jay	**m** em
b bay	**h** ash	**n** en
c say	**i** ee	**o** o
d day	**j** jee	**p** pay
e uh	**k** ka	**q** kOO
f ef	**l** el	**r** air

s ess	**v** vay	**y** ee-grek
t tay	**w** doobl-vay	**z** zed
u OO	**x** eeks	

Alps les Alpes *fpl* alp

already déjà dayja

also aussi o-see

although bien que b-yAN kuh

altogether en tout ON too

always toujours toojoor

am: I am je suis juh swee

am: at 7am à sept heures du matin urr dOO matAN

amazing (surprising) étonnant aytonON

(very good) remarquable ruhmark-abl

ambulance l'ambulance f ONbOOlONss

call an ambulance! appelez une ambulance! aplay

America l'Amérique f amayreek

American américain(e) amayreekAN, -ken

I'm American (*male/female*) je suis américain/américaine

among parmi parmee

amount la quantité kONteetay

(money) la somme som

amp: a 13-amp fuse un fusible de 13 ampères fOOzeebl ... ONpair

amphitheatre l'amphithéâtre m ONfeetay-ahtr

and et ay

Andorra Andorre f ONdor

angry fâché fashay

animal l'animal m aneemal

ankle la cheville *shuhvee*

anniversary (wedding)
l'anniversaire de mariage *m*
aneevairsair duh maree-ahj

**annoy: this man's annoying
me** cet homme m'importune
ANportOOn

annoying ennuyeux *ONwee-uh*

another un autre *ohtr*

  **can we have another
  room?** est-ce que nous
  pouvons avoir une autre
  chambre? *eskuh noo poovON
  zavva OOn ohtr*

  another beer, please encore
  une bière, s'il vous plaît *ONkor*

antibiotics les antibiotiques
ONteebeeooteek

antifreeze l'antigel *m* ONteejel

antihistamine l'antihistaminique
m ONtee-eestameeneek

antique: is it an antique?
est-ce un objet d'époque?
ess AN objay daypok

antique shop l'antiquaire *m*
ONteekair

antiseptic le désinfectant
dayzANfektON

**any: have you got any bread/
tomatoes?** avez-vous du
pain/des tomates? *avay-voo
dOO…/day…*

  do you have any change?
  avez-vous de la monnaie? *duh*

  sorry, I don't have any
  désolé, je n'en ai pas *juh nON ay pa*

anybody quelqu'un *kelkAN*

  does anybody here speak

English? est-ce qu'il y a
quelqu'un ici qui parle anglais?
eskeel-ya

  there wasn't anybody there
  il n'y avait personne *pairsON*

anything n'importe quoi

  anything else? désirez-vous
  autre chose? *dayzeeray-voo
  ohtr shohz*

  nothing else, thanks c'est
  tout, merci *say too mairsee*

  **would you like anything
  to drink?** veux-tu/voulez-
  vous boire quelque chose?
  *vuh-tOO/voolay-voo bwahr
  kelkuh shohz*

  **I don't want anything,
  thanks** je ne veux rien,
  merci *ree-AN*

apart from sauf *sohf*

apartment l'appartement *m*
apartmON

appendicitis l'appendicite *f*
apANdeesseet

aperitif l'apéritif *m* *apayreeteef*

apology les excuses *exkOOz*

appetizer l'entrée *f* ONtray

apple la pomme *pom*

appointment le rendez-vous

  **good afternoon, how
  can I help you?** bonjour
  monsieur/madame, que
  puis-je faire pour vous?
  kuh pweej fair poor voo

I'd like to make an appointment j'aimerais prendre rendez-vous jemray prONdr

what time would you like? quelle heure vous conviendrait-elle? kel urr voo kONvee-ANdrayt-el

three o'clock trois heures

I'm afraid that's not possible, is four o'clock all right? cela ne va pas être possible, est-ce que quatre heures vous irait? voo zeeray

yes, that will be fine oui, cela ira parfaitement eera parfetmON

the name was...? c'est monsieur/madame...? say

apricot l'abricot *m* abreeko

April avril avreel

are: we are nous sommes noo som

you are tu es/vous êtes too ay, voo zet

they are ils sont eel sON

area la région rayjee-ON

area code l'indicatif *m* ANdeekateef

arm le bras bra

arrange: will you arrange it for us? pouvez-vous vous en occuper? poovay-voo voo zON okoopay

arrival l'arrivée *f* areevay

arrive arriver areevay

when do we arrive?

à quelle heure arrivons-nous? areevON-noo

has my fax arrived yet? mon fax est-il arrivé? areevay

we arrived today nous sommes arrivés aujourd'hui

art l'art *m* ar

art gallery le musée d'art moozay

artist l'artiste *mf* arteest

as: as big as aussi gros que o-see gro kuh

as soon as possible dès que possible day

ashtray le cendrier sONdreeay

ask demander duhmONday

I didn't ask for this ce n'est pas ce que j'ai commandé suh nay pa suh kuh jay komONday

could you ask him to...? peux-tu/pouvez-vous lui demander de...? puh-too/ poovay-voo lwee...

asleep: she's asleep elle dort dor

aspirin l'aspirine *f* aspeereen

asthma l'asthme *m* as-muh

astonishing étonnant aytonON

at: at the hotel à l'hôtel a

at the station à la gare

at the café au café o

at six o'clock à six heures

at Paul's chez Paul shay

athletics l'athlétisme *m* atlayteess-muh

Atlantic l'Atlantique *m* atlONteek

ATM le distributeur automatique de billets de banque

deestreebooturr otomateek duh
bee-bay duh boNK

@, at sign l'arobase *f* arobaz

attractive séduisant saydweezoN

aubergine l'aubergine *f*

August août oo

aunt la tante toNt

Australia l'Australie *f* ostralee

Australian australien(ne)
ostralee-AN, -en

  I'm Australian (*male/female*)
je suis australien/australienne

Austria l'Autriche *f* otreesh

automatic (car) la voiture
automatique vwatoor otomateek

autumn l'automne *m* oton

  in the autumn en automne oN

avenue l'avenue *f*

average (not good) moyen mwy-AN

  on average en moyenne oN
mwy-en

awake: is he awake? est-il
réveillé? rayvay-yay

away: go away! allez-vous en!
alay-voo zoN

  is it far away? est-ce que c'est
loin? eskuh say lwAN

awful affreux afruh

axle l'essieu *m* ess-yuh

B

baby le bébé baybay

baby food les aliments pour
bébé aleemoN poor

baby's bottle le biberon
beeberoN

Travel tip A vast range
of baby food is available
at most pharmacies and
supermarkets – alongside
disposable nappies (diapers)
– though much of it has
added sugar and salt. Milk
powders tend to be sweet,
so bring your own if that is a
cause for concern, and note
that breastfeeding in public is
generally frowned upon.

baby-sitter le/la baby-sitter

back (of body) le dos doh

  (back part) l'arrière *m* aree-air

  at the back à l'arrière

  **can I have my money
back?** est-ce que vous pouvez
me rendre mon argent? eskuh
voo poovay muh roNdr

  to come back revenir
ruh-veneer

  to go back rentrer roNtray

backache le mal de reins duh rAN

bad mauvais movay

  a bad headache un violent
mal de tête veeoloN

badly mal

bag le sac

  (handbag) le sac à main mAN

  (suitcase) la valise valeez

baggage les bagages *mpl* bagahj

baggage check la consigne
koNseeñ

baggage claim le retrait des
bagages ruhtray

bakery la boulangerie booloNjree

balcony le balcon balkoN

a room with a balcony
une chambre avec balcon

bald chauve shohv

ball (large) le ballon balON

  (small) la balle bal

ballet le ballet

banana la banane banan

band (musical) l'orchestre m orkestr

  (pop, rock) le groupe

bandage le pansement pONsmON

Bandaids les pansements mpl
pONsmON

bank (money) la banque bONk

bank account le compte en
banque kONT ON bONk

bar le bar

  a bar of chocolate
  une tablette de chocolat
  tablet duh shokola

barber's le coiffeur pour
hommes kwafurr poor om

basket le panier pan-yay

bath le bain bAN

  can I have a bath? est-ce que
  je peux prendre un bain? eskuh
  juh puh prONdr AN bAN

bathroom la salle de bain
sal duh bAN

  with a private bathroom
  avec salle de bain

bath towel la serviette de bain

battery la pile peel

  (for car) la batterie

bay la baie bay

be être etr

beach la plage plahj

beach mat la natte nat

beach umbrella le parasol

beans les haricots areeko

  runner beans les haricots à
  rames ram

  broad beans les fèves fev

beard la barbe barb

beautiful beau, f belle bo, bel

because parce que parss-kuh

  because of... à cause de...
  a kohz duh

bed le lit lee

  I'm going to bed je vais me
  coucher juh vay muh kooshay

bed and breakfast la chambre
avec petit déjeuner shONbr avek
puhtee dayjuhnay

bedroom la chambre à coucher
shONbr a kooshay

beef le bœuf burf

beer la bière bee-air

  two beers, please deux
  bières, s'il vous plaît bee-air

before avant avON

begin: when does it begin?
à quelle heure est-ce que ça
commence? sa komONss

beginner le débutant, la
débutante daybOOtON, -tONt

beginning: at the beginning
au début o daybOO

behind derrière dairyair

  behind me derrière moi

beige beige bej

Belgian belge belj

  (male/female) le/la Belge

Belgium la Belgique beljeek

believe croire krwahr

below sous soo

belt la ceinture sANtoor

bend (in road) le virage veerahj

berth (on ship) la couchette kooshet

beside: beside the... à côté du/ de la... a kotay doo

best le meilleur may-yurr

better mieux m-yuh

  are you feeling better? est-ce que tu te sens/vous vous sentez mieux? eskuh too tuh sON/ voo voo sONtay

between entre ONtr

beyond au delà o duhla

bicycle le vélo vaylo

big grand grON

  too big trop grand

  it's not big enough ce n'est pas assez grand pa zassay

bike le vélo vaylo

  (motorbike) la moto

bikini le bikini

bill l'addition f adeess-yON

  (US) le billet (de banque) bee-yay duh bONk

  could I have the bill, please? l'addition, s'il vous plaît

bin la poubelle poo-bel

bin liners les sacs poubelle mpl

binding (ski) la fixation feexass-yON

bird l'oiseau m wazo

biro le stylo-bille steelo-bee

birthday l'anniversaire m aneevairsair

happy birthday! bon anniversaire!

biscuit le biscuit beeskwee

bit: a little bit un peu AN puh

  a big bit un gros morceau gro morso

  a bit of... un morceau de...

  a bit expensive un peu cher

bite (by insect) la piqûre peekoor

  (by dog) la morsure morsoor

bitter (taste etc) amer amair

black noir nwahr

blanket la couverture koovairtoor

bleach (for toilet) l'eau de Javel f ohd javel

bless you! santé! sONtay

blind aveugle avurgl

blind (on window) le store stor

blister l'ampoule f ONpool

blocked (road, pipe, sink) bouché booshay

block of flats l'immeuble m eemurbl

blond(e) blond blON

blood le sang sON

  high blood pressure l'hypertension f eepairtONs-yON

blouse le chemisier shuhmeez-yay

blow-dry le brushing

  I'd like a cut and blow-dry je voudrais une coupe et un brushing

blue bleu bluh

blusher le rouge à joues rooj a joo

boarding house la pension pONs-yON

boarding pass la carte

d'embarquement dONbarkuh-mON

boat le bateau bato

body le corps kor

boil (water) faire bouillir fair booyeer

(potatoes etc) faire cuire à l'eau kweer a lo

boiled egg l'œuf à la coque *m* urf ala kok

bone l'os *m* oss

bonnet (of car) le capot kapo

book le livre leevr

(*verb*) réserver rayzairvay

can I book a seat? est-ce que je peux réserver une place?

DIALOGUE

I'd like to book a table for two j'aimerais réserver une table pour deux jemray rayzairvay

what time would you like it booked for? pour quelle heure voudriez-vous réserver? poor kel urr voodree-ay-voo

half past seven sept heures et demi

that's fine très bien

and your name? votre nom?

bookshop/bookstore la librairie leebrairee

boot (footwear) la botte bot

(of car) le coffre kofr

border (of country) la frontière frONt-yair

bored: I'm bored je m'ennuie juh mON-nwee

boring ennuyeux ON-nwee-yuh

born: I was born in Manchester je suis né à Manchester juh swee nay

I was born in 1960 je suis né en mille neuf cent soixante ON meel nuhf sON swassONt

borrow emprunter ONprANtay

may I borrow…? puis-je emprunter…?

both les deux lay duh

bother: sorry to bother you je suis désolé de vous déranger juh swee dayzolay duh voo dayrON-jay

bottle la bouteille bootay

a bottle of house red une bouteille de rouge maison mezzON

bottle-opener l'ouvre-bouteille *m* oovr-bootay

bottom (of person) le derrière dairyair

at the bottom of… (hill etc) en bas de… ON ba duh

box la boîte bwat

box office le guichet geeshay

boy le garçon garsON

boyfriend le petit ami puhtee tami

bra le soutien-gorge soot-yAN-gorj

bracelet le bracelet braslay

brake le frein frAN

brandy le cognac

bread le pain pAN

white bread du pain blanc blON

brown bread du pain noir nwahr

wholemeal bread du pain complet kONplay

break casser kassay

I've broken the... j'ai cassé le... jay kassay

I think I've broken my wrist je crois que je me suis cassé le poignet juh muh swee

breakdown la panne pan

I've had a breakdown je suis tombé en panne juh swee tONbay ON

breakdown service le service de dépannage sairveess duh daypanahj

breakfast le petit déjeuner ptee day-juhnay

English/full breakfast le petit déjeuner anglais ONglay

break-in: I've had a break-in il y a eu un cambriolage eel ya OO AN kONbreeolahj

breast le sein SAN

breathe respirer respeeray

breeze la brise breez

bridge (over river) le pont pON

brief court koor

briefcase la serviette

bright (light etc) clair

bright red rouge vif veef

brilliant (idea, person) génial jayn-yal

bring apporter aportay

I'll bring it back later je le rapporterai plus tard raportuhray

Britain la Grande-Bretagne grONd-bruhtañ

British britannique breetaneek

Brittany la Bretagne bruhtañ

brochure le prospectus prospektOOss

broken cassé kassay

bronchitis la bronchite brONsheet

brooch la broche brosh

broom le balai balay

brother le frère frair

brother-in-law le beau-frère bo-frair

brown marron marON

(hair) brun brAN

bruise le bleu bluh

brush (for hair) la brosse bross

(artist's) le pinceau pAN-so

(for cleaning) le balai balay

Brussels Bruxelles brOOssel

bucket le seau so

buffet car le wagon-restaurant vagON-restorON

buggy (for child) le landau lONdo

building le bâtiment bateemON

bulb l'ampoule f ONpool

  I need a new bulb
j'ai besoin d'une nouvelle ampoule

bumper le pare-chocs par-shok

bunk la couchette kooshet

bureau de change le bureau de change

burglary le cambriolage kONbreeolahj

burn la brûlure brOOlOOr

  (verb) brûler brOOlay

burnt: this is burnt c'est brûlé brOOlay

burst: a burst pipe un tuyau crevé twee-o kruhvay

bus le bus bOOss

  what number bus is it to...?
quel bus va à...? kel

  when is the next bus to...?
à quelle heure part le prochain bus pour...? a kel urr par luh proshAN

  what time is the last bus?
à quelle heure passe le dernier bus? dairn-yay

  could you let me know when we get there?
est-ce que vous pourrez me dire quand on y sera? eskuh voo pooray muh deer kON tON ee suhra

DIALOGUE

  does this bus go to...?
est-ce que ce bus va à...?

  no, you need a number...
non, vous devez prendre le... prONdr

  where does it leave from?
où est-ce que je le prends? weskuh juh luh prON

business les affaires fpl lay zafair

bus station la gare routière gar root-yair

bus stop l'arrêt d'autobus m aray dotobOOss

bust la poitrine pwatreen

busy (person) occupé okOOpay

  the restaurant is very busy il y a beaucoup de monde dans le restaurant eel ya bohkoo duh mONd

  I'm busy tomorrow
demain, je suis pris(e) duhmAN juh swee pree/preez

but mais may

butcher's la boucherie booshree

butter le beurre burr

button le bouton bootON

buy acheter ashtay

  where can I buy...? où puis-je acheter...? oo pweej

by: by bus/car en bus/voiture ON

  written by... écrit par...

  by the window près de la fenêtre pray duh

  by the sea au bord de la mer o bor

  by Thursday pour jeudi poor

bye au revoir o ruh-vwa

C

cabbage le chou shoo

cabin (on ship) la cabine kabeen

cable car le téléférique taylayfayreek

café le café

cagoule le K-way ka-way

cake le gâteau gato

cake shop la pâtisserie

call appeler aplay

(to phone) téléphoner taylayfonay

what's it called? comment ça s'appelle? komON sa sa-pel

he/she is called... il/elle s'appelle...

please call the doctor appelez le docteur, s'il vous plaît aplay

please give me a call at 7.30am tomorrow pouvez-vous me réveiller à sept heures trente demain matin? poovay-voo muh rayvayay

please ask him to call me pouvez-vous lui demander de m'appeler?

call back: I'll call back later je reviendrai plus tard ruhveeANdray

(phone back) je rappellerai plus tard rapelray

call round: I'll call round tomorrow je passerai demain passuhray

camcorder le caméscope kamayskop

camera (for stills) l'appareil-photo m aparay-

camera shop le photographe fotograf

camp camper kONpay

can we camp here? est-ce qu'on peut camper ici? eskON puh

camping gas le butagaz

campsite le terrain de camping terrAN duh kONpeeng

can (tin) la boîte bwat

a can of beer une bière en boîte bee-air ON

can: can you...? peux-tu/ pouvez-vous...? puh-too/ poovay-voo

can I have...? est-ce que je peux avoir...? eskuh juh puh avwahr

I can't... je ne peux pas... juh nuh puh pa

Canada le Canada

Canadian canadien(ne) kanadee-AN, -ee-en

I'm Canadian (male/female) je suis canadien/canadienne

canal le canal

cancel annuler anOOlay

candies les bonbons bONbON

candle la bougie boo-jee

canoe le canoë kano-ay

canoeing le canoë

can-opener l'ouvre-boîte m oovr-bwat

cap (hat) la casquette kasket

(of bottle) la capsule

car la voiture vwat00r

  by car en voiture

carafe une carafe

  a carafe of house white, please une carafe de blanc maison, s'il vous plaît mezzON

caravan la caravane

caravan site le terrain de camping pour caravanes terrAN duh kONpeeng poor

carburettor le carburateur karb00raturr

card (birthday etc) la carte kart

  here's my (business) card voici ma carte vwa-see

cardigan le gilet jeelay

cardphone le téléphone à carte taylayfon a kart

careful prudent pr00dON

  be careful! faites attention! fet zatONs-yON

caretaker le/la concierge

car ferry le ferry

car hire la location de voitures lokass-yON duh vwat00r

car park le parking parkeeng

carpet la moquette moket

carriage (of train) le wagon vagON

carrier bag le sac en plastique ON plasteek

carrot la carotte karrot

carry porter portay

carry-cot le porte-bébé port-baybay

carton (of orange juice etc) le carton kartON

carwash le lave-auto lav-oto

case (suitcase) la valise valeez

cash l'argent liquide *m* arjON leekeed

  (*verb*) encaisser

  will you cash this for me? est-ce que vous pouvez encaisser cela pour moi? eskuh voo poovay

cash desk la caisse kess

cash dispenser le distributeur automatique de billets de banque deestreeb00turr otomateek duh bee-yay duh bONk

cashier (cash desk) la caisse kess

cassette la cassette

cassette recorder le magnétophone à cassettes man-yetofon

castle le château shato

casualty department le service des urgences sairveess day z00rjONss

cat le chat sha

catch attraper atrapay

  where do we catch the bus to...? où est-ce qu'on peut prendre le bus pour...? weskON puh prONdr luh b00ss

cathedral la cathédrale katay-dral

Catholic (*adj*) catholique kato-leek

cauliflower le chou-fleur shoo-flurr

cave la grotte grot

CD le CD say-day

ceiling le plafond plafON

celery le céleri en branche saylree ON brONsh

cellar (for wine) la cave kahv

cell phone le (téléphone) portable portahbl

cemetery le cimetière seemtee-air

Centigrade centigrade sONteegrad

centimetre le centimètre sONteemetr

central central sON-tral

central heating le chauffage central shofahj sON-tral

centre le centre sONtr

   how do we get to the city centre? comment va-t-on au centre-ville? komON vatON o sONtr-veel

   it's in the city centre c'est dans le centre-ville

cereal les céréales sayray-al

certainly certainement sairten-mON

   certainly not certainement pas pa

chair la chaise shez

champagne le champagne shONpañ

change (money) la monnaie monay (*verb*) changer shONjay

   can I change this for…? j'aimerais échanger ceci contre… jemray ayshONjay suhsee

   I don't have any change je n'ai pas de monnaie juh nay pa duh

   can you give me change for a 50-euro note? pouvez-vous me faire la monnaie sur un billet de cinquante euros? muh fair

changed: to get changed se changer shONjay

Channel la Manche mONsh

Channel Islands les îles Anglo-Normandes eel ONglo-normONd

Channel Tunnel le tunnel sous la Manche tOOnel soo la mONsh

chapel la chapelle shapel

charge (*verb*) faire payer

cheap bon marché bON marshay

   do you have anything cheaper? avez-vous quelque chose de meilleur marché? avay-voo kelkuh shohz duh may-yurr marshay

check (US) le chèque shek (US: bill) l'addition *f* adeess-yON (*verb*) vérifier vayreef-yay

   could you check the…, please? pouvez-vous vérifier…, s'il vous plaît?

checkbook le chéquier shaykee-ay

check-in l'enregistrement des bagages *m* ONrejeestruh-mON day bagahj

check in (at airport) se faire enregistrer suh fair ONrejeestray

   where do we have to check

in? où est l'enregistrement?

checkout (in shop) la caisse kess

cheek (on face) la joue joo

cheerio! (bye-bye) au revoir!
o ruh-vwa

cheers! (toast) santé! sONtay
(thanks) merci! mairsee

cheese le fromage fromahj

chemist's (shop) la pharmacie
farmassee

cheque le chèque shek

do you take cheques?
est-ce que vous acceptez les
chèques? eskuh voo zaxeptay

cheque book le chéquier
shaykee-ay

cheque card la carte d'identité
bancaire kart deedONteetay
bONkair

cherry la cerise suhreez

chess les échecs lay zayshek

chest (body) la poitrine pwatreen

chewing gum le chewing-gum
shween-gom

chicken la poule pool
(meat) le poulet poolay

chickenpox la varicelle vareessel

child l'enfant mf ON-fON
children les enfants

child minder le/la gardien(ne)
d'enfants gardee-AN, -ee-en

children's pool la piscine pour
enfants peesseen

children's portion la portion
pour enfants pors-yON

chin le menton mONtON

china la porcelaine

Chinese chinois sheenwa

chips les frites freet

chocolate le chocolat shokola
milk chocolate le chocolat au
lait o lay
plain chocolate le chocolat à
croquer a krokay
a hot chocolate un chocolat
chaud sho

choose choisir shwazeer

Christian name le prénom
praynON

Christmas Noël no-el
Christmas Eve
la veille de Noël vay duh
merry Christmas!
joyeux Noël! jwy-uh

church l'église f aygleez

cider le cidre seedr

cigar le cigare see-gar

cigarette la cigarette see-

> **Travel tip** Smoking is
> banned in all public places,
> including public transport,
> museums, cafés, restaurants
> and nightclubs.

cigarette lighter le briquet
breekay

cinema le cinéma seenayma

circle le cercle sairkl
(in theatre) le balcon balkON

city la ville veel

city centre le centre-ville
sONtr-veel

clean (adj) propre propr
can you clean these for me?

pouvez-vous me nettoyer ça?
poovay-voo muh net-wy-ay sa

cleaning solution (for contact lenses) la solution de nettoyage sol00ss-yON duh net-wy-ahj

cleansing lotion (cosmetic) la crème démaquillante krem daymakeeyONt

clear clair klair

clever intelligent ANtayleejON

cliff la falaise falez

climbing l'escalade f

cling film le cellophane selofan

clinic la clinique kleeneek

cloakroom (for coats) le vestiaire vestee-air

clock l'horloge f orloj

close fermer fairmay

DIALOGUE

what time do you close?
à quelle heure est-ce que vous fermez? a kel urr eskuh voo fairmay

we close at 8pm on weekdays and 6pm on Saturdays nous fermons à huit heures pendant la semaine et à six heures le samedi n00 fairmON

do you close for lunch?
est-ce que vous fermez pour déjeuner?

yes, between 1 and 3.30pm oui, entre une heure et trois heures et demi

closed fermé fairmay

cloth (fabric) le tissu teess00

(for cleaning etc) le chiffon sheefON

clothes les vêtements vetmON

clothes line la corde à linge kord a lANj

clothes peg la pince à linge pANss

cloud le nuage n00-ahj

cloudy nuageux n00-ahjuh

clutch l'embrayage m ONbray-ahj

coach (bus) le car

(on train) le wagon vagON

coach station la gare routière gar rootee-air

coach trip l'excursion en autocar f exk00rs-yON ON otokar

coast la côte koht

on the coast sur la côte

coat (long coat) le manteau mONto

(jacket) la veste vest

coathanger le cintre sANtr

cockroach le cafard kafar

cocoa le cacao kakow

coconut la noix de coco nwa duh

code (when dialling) l'indicatif m ANdeekateef

what's the (dialling) code for...? quel est l'indicatif pour …? kel ay lANdeekateef poor

coffee le café

two coffees, please deux cafés, s'il vous plaît kafay

coin la pièce p-yess

Coke le coca-cola

cold (weather, food etc) froid frwa

I'm cold j'ai froid jay

I have a cold je me suis

enrhumé juh muh swee
zONrOOmay

collapse: he's collapsed
il s'est effondré eel set ayfONdray

collar le col

collect: I've come to collect...
je suis venu chercher...
juh swee vuhnOO shairshay

collect call une communication
en PCV -kass-yON ON pay-say-vay

college l'université f
OOneevairseetay

colour la couleur koolurr

**do you have this in other
colours?** l'avez-vous en
d'autres teintes? lavay voo ON
dohtr tANt

colour film la pellicule couleur
pelikOOl

comb le peigne peñ

come venir vuhneer

where do you come from?
d'où es-tu/êtes-vous? doo
ay-tOO/et-voo

I come from Edinburgh
je suis d'Édimbourg juh swee

come back revenir

I'll come back tomorrow
je reviens demain juh ruhv-yAN

come in entrer ONtray

comfortable confortable
kONfort-abl

compact disc le disque
compact

company (business) la société
sos-yay-tay

compartment (on train)
le compartiment kONparteemON

compass la boussole boossol

complain se plaindre suh plANdr

complaint la réclamation
rayklamass-yON

I have a complaint j'ai une
réclamation à faire

completely complètement
kONpletmON

computer l'ordinateur m
ordeenaturr

concert le concert kONsair

concussion la commotion
cérébrale komoss-yON sayray-bral

conditioner (for hair) l'après-
shampoing m apray-shONpwAN

condom le préservatif
prayzairvateef

conference la conférence
kONfay-rONss

confirm confirmer kONfeermay

congratulations! félicitations!
fayleesseetass-yON

connecting flight le vol qui
assure la correspondance kee
assOOr la korespONdONss

connection (in travelling)
la correspondance

conscious conscient kONs-yON

constipation la constipation
kONsteepass-yON

consulate le consulat kONsOO-la

contact contacter kONtaktay

contact lenses les lentilles de
contact fpl lONtee

contraceptive le contraceptif
kONtrasepteef

convenient (location) pratique
prateek

  (time) qui convient kee
  kONvee-AN

  that's not convenient cela ne
  me convient pas

cook le cuisinier, la cuisinière
kweezeenee-ay, -yair

  not cooked (is underdone)
  pas cuit pa kwee

cooker la cuisinière kweezeenyair

cookie le biscuit beeskwee

cooking utensils les ustensiles
de cuisine ΟΟstONseel duh
kweezeen

cool (day, weather) frais, f fraîche
fray, fresh

cork (in bottle) le bouchon booshON

corkscrew le tire-bouchon
teer-booshON

corner: on the corner (of street)
au coin de la rue kwAN duh la rOO

  in the corner dans le coin

cornflakes les cornflakes

correct (adj) correct, exact

corridor le couloir koolwahr

Corsica la Corse korss

Corsican (adj) corse

cosmetics les produits de beauté
prodwee duh bohtay

cost coûter kootay

  how much does it cost?
  combien ça coûte? kONb-yAN sa
  koot

cot (for baby) le lit d'enfant
lee dONfON

cotton le coton kotON

cotton wool le coton hydrophile
kotON eedrofeel

couch (sofa) le canapé kanapay

couchette la couchette

cough la toux too

cough medicine le sirop contre
la toux seero kONtr

could: could you...? pourriez-
vous...? pooree-ay-voo

  could I have...? j'aimerais...
  jemray

  I couldn't... je ne pouvais
  pas... juh nuh poovay pa

country (nation) le pays payee

  (countryside) la campagne
  kONpañ

countryside la campagne

couple (man and woman) le couple
koopl

  a couple of... quelques...
  kelkuh

courier le/la guide geed

course (of meal) le plat pla

  of course bien sûr b-yAN sOOr

  of course not bien sûr que
  non kuh nON

cousin le cousin, la cousine
koozAN, koozeen

cow la vache vash

crab le crabe krab

cracker (biscuit) le biscuit salé
beeskwee salay

craft shop la boutique
d'artisanat arteezana

crash la collision koleez-yON

  I've had a crash j'ai eu un
  accident jay OO AN axeedON

crazy fou, *f* folle foo, fol

cream (on milk, in cake, lotion)
la crème krem

(colour) crème

creche (for babies) la crèche

credit card la carte de crédit
kart duh kraydee

can I pay by credit card?
est-ce que je peux payer par
carte de crédit? eskuh juh
puh pay-ay

**which card do you want
to use?** avec quelle carte
désirez-vous payer?

yes, sir oui monsieur

what's the number? quel
est le numéro? nOOmayro

and the expiry date?
et la date d'expiration?

credit crunch le resserrement
du crédit resairmON dOO kraydee

crisps les chips *fpl* cheeps

crockery la vaisselle vess-el

crossing (by sea) la traversée
travairsay

crossroads le carrefour karfoor

crowd la foule fool

crowded (streets, bars) bondé
bONday

crown (on tooth) la couronne
kooron

cruise (by ship) la croisière
krwaz-yair

crutches les béquilles *fpl* baykee

cry pleurer plurray

cucumber le concombre

kONkONbr

cup la tasse tass

a cup of…, please une tasse
de…, s'il vous plaît

cupboard l'armoire *f* armwahr

curly (hair) frisé

current le courant koorON

curtains les rideaux *mpl* reedo

cushion le coussin koossAN

custom la coutume kootOOm

Customs la douane dwan

cut la coupure koopOOr

(hair) la coupe koop

(*verb*) couper koopay

I've cut myself je me suis
coupé juh muh swee koopay

cutlery les couverts koovair

cycling le cyclisme seekleess-muh

cyclist le/la cycliste seekleest

D

dad le papa

daily: they run daily il y en
a tous les jours eel yON a too
lay joor

a daily paper un (journal)
quotidien joornal koteedee-AN

damage endommager
ONdoma-jay

damaged abîmé abeemay

**I'm sorry, I've damaged
this** je suis désolé, j'ai abîmé ça
jay abeemay

damn! zut! zOOt

damp (*adj*) humide OO-meed

dance la danse dONss

(*verb*) danser dONsay

would you like to dance?
veux-tu/voulez-vous danser
avec moi? vuh-tOO/voolay-voo –
avek mwa

dangerous dangereux dONj-ruh

Danish danois danwa

dark (*adj* colour) foncé fONsay

(hair) brun brAN

it's getting dark il commence
à faire sombre eel komONss a fair
sONbr

date: what's the date today?
quel jour sommes-nous?
kel joor som-noo

**let's make a date for next
Monday** prenons rendez-vous
pour lundi prochain pruhnON

dates (fruit) les dattes *fpl* dat

daughter la fille fee

daughter-in-law la belle-fille
bel-fee

dawn l'aurore *f* oror

at dawn au lever du jour
o luhvay dOO joor

day le jour joor

the day after le lendemain
lONdmAN

the day after tomorrow
après-demain apray-duhmAN

the day before la veille vay

the day before yesterday
avant-hier avON-tee-air

every day chaque jour

are you open all day?
est-ce que vous êtes ouverts
toute la journée? toot la joornay

in two days' time
dans deux jours

have a nice day
bonne journée bon joornay

day trip l'excursion d'une journée
f exkOOrs-yON dOOn joornay

dead mort mor

deaf sourd soor

deal (business) l'affaire *f*

it's a deal d'accord! dakor

death la mort mor

decaffeinated coffee le café
décaféiné daykafay-eenay

December décembre daysONbr

decide décider dayseeday

we haven't decided yet
nous n'avons pas encore décidé
noo navON pa zONkor dayseeday

decision la décision dayseez-yON

deck (on ship) le pont pON

deckchair la chaise longue
shez lON-g

deduct déduire daydweer

deep profond profON

definitely certainement
sairten-mON

definitely not certainement
pas pa

degree (qualification) le diplôme
deeplohm

delay le retard ruhtar

deliberately exprès expray

delicatessen l'épicerie fine *f*
aypeesree feen

delicious délicieux dayleess-yuh

deliver livrer leevray

delivery (of mail) la distribution

deestreebꝏss-yON

Denmark le Danemark danmark

dental floss le fil dentaire
feel dONtair

dentist le/la dentiste dON-teest

it's this one here c'est celle-
là say sel-la

this one? celle-ci? sel-see

no, that one non, celle-là

here? ici? ee-see

yes oui wee

dentures le dentier dONt-yay

deodorant le déodorant
dayodorON

department le service
sairveess

department store le grand
magasin grON magazAN

departure le départ daypar

departure lounge le hall de

départ al duh

depend: it depends ça dépend
sa daypON

it depends on... ça dépend
de...

deposit (as security) la caution
kohs-yON

(as part payment) l'acompte *m*
akONt

description la description
deskreeps-yON

dessert le dessert desair

destination la destination
desteenass-yON

develop développer dayv-lopay

diabetic le/la diabétique
dee-abayteek

diabetic foods les aliments pour
diabétiques aleemON

dial composer kONpohzay

dialling code l'indicatif *m*
ANdeekateef

diamond le diamant dee-amON

diaper la couche koosh

diarrhoea la diarrhée dee-aray

diary (business etc) l'agenda *m*
ajANda

  (for personal experiences)
  le journal joornal

dictionary le dictionnaire
deex-yonair

didn't *see* **not**

die mourir mooreer

diesel (fuel) le gas-oil

diet le régime ray-jeem

  I'm on a diet je suis au régime
  juh swee zo

  **I have to follow a special
  diet** je dois suivre un régime
  spécial dwa sweevr

difference la différence
deefayrONss

  what's the difference?
  quelle est la différence? kel ay

different différent deefayrON

  this one is different celui-ci
  est différent suhlwee-see

  a different table une autre
  table ohtr

difficult difficile deefeessel

difficulty la difficulté
deefeek00ltay

dinghy (rubber) le canot
pneumatique kano p-nuhmateek
  (sailing) le dériveur dayreevurr

dining room la salle à manger
sal a mONjay

dinner (evening meal) le dîner
deenay

to have dinner dîner

direct (*adj*) direct deerekt

  is there a direct train?
  est-ce qu'il y a un train direct?
  eskeel ya

direction le sens sONss

  which direction is it?
  dans quelle direction est-ce?
  dON kel deereex-yON ess

  is it in this direction? est-ce
  par là?

directory enquiries les
renseignements rONsen-yuhmON

dirt la saleté sal-tay

dirty sale sal

disabled handicapé ONdeekapay

  **is there access for the
  disabled?** est-ce que c'est
  aménagé pour les handicapés?
  eskuh say amaynah-jay

disappear disparaître deesparetr

  it's disappeared (I've lost it)
  il/elle a disparu deespar00

disappointed déçu days00

disappointing décevant day-svON

disaster le désastre day-zastr

disco la discothèque

discount le rabais rabay

disease la maladie maladee

disgusting dégoûtant daygootON

dish (meal, bowl) le plat pla

dishcloth le torchon à vaisselle
torshON a vess-el

disinfectant le désinfectant
dayzANfek-tON

disk (for computer) la disquette

disposable diapers les couches

jetables *fpl* koosh juhtahbl

disposable nappies les couches jetables *fpl*

distance la distance deestONss

in the distance au loin o lwAN

distilled water l'eau distillée *f* o deesteelay

district le quartier kart-yay

disturb déranger dayrONjay

diversion (detour) la déviation dayvee-ass-yON

diving board le plongeoir plON-jwahr

divorced divorcé deevorsay

dizzy: I feel dizzy j'ai la tête qui tourne jay la tet kee toorn

do faire fair

what shall we do? qu'est-ce qu'on fait? keskON fay

how do you do it? comment est-ce qu'on fait? komON eskON fay

will you do it for me? est-ce que tu peux/vous pouvez le faire pour moi? eskuh too puh/ voo poovay

how do you do? comment vas-tu/allez-vous? va-too/ alay-voo

nice to meet you enchanté ONshONtay

what do you do? (work) qu'est-ce que tu fais/vous faites dans la vie? kes kuh too fay/voo fet dON la vee

I'm a teacher, and you? je suis enseignant(e), et toi/

vous? twa

I'm a student je suis étudiant(e)

what are you doing this evening? qu'est-ce que tu fais/vous faites ce soir? suh swahr

we're going out for a drink, do you want to join us? nous allons prendre un verre, veux-tu te/voulez-vous vous joindre à nous? vuh-too tuh/voolay-voo voo jwANdr

do you want cream? voulez-vous de la crème?

I do, but she doesn't moi oui, mais pas elle mwa

doctor le médecin maydsAN

we need a doctor nous avons besoin d'un médecin

please call a doctor appelez un médecin, s'il vous plaît aplay

where does it hurt? où est-ce que ça fait mal? weskuh sa fay

right here ici ee-see

does that hurt now? est-ce que ça fait mal là?

yes oui wee

take this to the chemist emmenez ça chez le pharmacien ONmuhnay sa shay luh farmass-yAN

document le document
dokOOmON

dog le chien shee-AN

doll la poupée poopay

domestic flight le vol intérieur
ANtayree-urr

don't! non! nON *see* **not**

don't do that! ne faites pas ça!
nuh fet pa sa

door (of room) la porte port

(of train, car) la portière port-yair

doorman le portier port-yay

double double doobl

double bed le grand lit grON lee

double room la chambre pour
deux personnes shONbr poor
duh pairson

doughnut le beignet ben-yay

down en bas ON ba

put it down over there
posez-le là pohzay-luh

it's down there on the right
c'est par là sur la droite

it's further down the road
c'est plus loin sur cette route
plOO lwAN sOOr set root

downhill skiing le ski de
descente duh duhsONt

download (verb) télécharger
taylaysharjay

downmarket (restaurant etc)
simple sANpl

downstairs en bas ON ba

dozen la douzaine doozen

half a dozen une demi-
douzaine duhmee-

drain le tuyau d'écoulement
twee-yo day-koolmON

draught beer la bière pression
bee-air press-yON

draughty: it's draughty
il y a un courant d'air
eelya AN koorON dair

drawer le tiroir teer-wa

drawing le dessin duh-sAN

dreadful épouvantable
aypoovONtabl

dream le rêve rev

dress la robe rob

dressed: to get dressed
s'habiller sabeeyay

dressing (for cut) le pansement
pONsmON

(for salad) la vinaigrette

dressing gown la robe de
chambre rob duh shONbr

drink la boisson bwassON

(*verb*) boire bwahr

a cold drink une boisson
fraîche fresh

can I get you a drink? tu
prends/vous prenez un verre?
tOO prON/voo pruhnay zAN vair

**what would you like (to
drink)?** qu'est-ce que tu veux/
vous voulez boire? keskuh

no thanks, I don't drink
non merci, je ne bois pas
juh nuh bwa pa

**I'll just have a drink of
water** un verre d'eau, c'est tout
vair do say too

drinking water l'eau potable *f*
o pot-abl

is this drinking water? est-ce

que cette eau est potable? eskuh

drive conduire kONdweer

   we drove here nous sommes
venus en voiture noo som vuhnoo
en vwatoor

   I'll drive you home je vais te/
vous reconduire juh vay tuh/voo
ruhkONdweer

driver (of car) le conducteur
kONdookturr

   (of bus) le chauffeur

driving licence le permis de
conduire pairmee duh kONdweer

drop: just a drop, please (of
drink) une petite goutte, s'il vous
plaît oon puhteet goot

drug (medical) le médicament
maydeekamON

drugs (narcotics) la drogue drog

drunk (adj) ivre eevr

drunken driving la conduite en
état d'ivresse kONdweet ON ayta
deevress

drunkenness l'ivresse f eevress

dry (adj) sec, f sèche sek, sesh

dry-cleaner le teinturier
tANtooree-ay

duck le canard kanar

**due: he was due to arrive
yesterday** il devait arriver hier
eel duhvay

   when is the train due?
quand est-ce que le train doit
arriver? dwa

dull (pain) sourd soor

   (weather) sombre sONbr

dummy (baby's) la tétine tayteen

during pendant pONdON

dust la poussière pooss-yair

dusty poussiéreux pooss-yayruh

dustbin la poubelle poo-bel

Dutch hollandais olONday

duty-free hors taxes or tax

duty-free shop la boutique
hors taxes

duvet la couette kwet

DVD le DVD day-vay-day

E

each (every) chaque shak

   how much are they each?
combien est-ce qu'ils sont la
pièce? kONb-yAN eskeel sON la
p-yess

ear l'oreille f oray

earache: I have earache
j'ai mal à l'oreille jay mal a loray

early tôt toh

   early in the morning
tôt le matin

   I called by earlier je suis
passé tout à l'heure toot a lurr

earring la boucle d'oreille
bookl doray

east l'est m est

   in the east à l'est

Easter Pâques pak

easy facile fasseel

eat manger mONjay

   **we've already eaten,
thanks** nous avons déjà
mangé, merci noo zavON dayja
mONjay

economy class la classe

économique klass aykonomeek

egg l'œuf *m* urf

eggplant l'aubergine *f* obairjeen

either: either… or… soit…
soit… swa

either of them soit l'un soit
l'autre

elastic l'élastique *m* aylasteek

elastic band l'élastique *m*

elbow le coude kood

electric électrique aylektreek

electrical appliances les
appareils électriques *mpl* aparay

electric fire le radiateur
électrique rad-yaturr

electrician l'électricien *m*
aylektreess-yAN

electricity l'électricité *f*
aylektreesseetay

elevator l'ascenseur *m* asONsurr

else: something else autre
chose ohtr shohz

somewhere else ailleurs
ī-yurr

**would you like anything
else?** désirez-vous autre
chose?
no, nothing else, thanks
non, c'est tout, merci say too

e-mail l'e-mail *m*

(*verb:* person) envoyer un e-mail
à ONvwy-ay AN

(text, file) envoyer par e-mail
ONvwy-ay

e-mail address l'adresse e-mail *f*

embassy l'ambassade *f* ONbasad

emergency l'urgence *f* OOrjONss

this is an emergency!
c'est une urgence! say tOOn

emergency exit la sortie de
secours sortee duh suhkoor

empty vide veed

end la fin fAN

(*verb*) finir feeneer

at the end of the street au
bout de la rue o boo duh la rOO

when does it end?
quand est-ce que ça finit?
kONteskuh sa feenee

engaged (toilet, telephone) occupé
okOOpay

(to be married) fiancé f-yONsay

engine (car) le moteur moturr

England l'Angleterre *f* ONgluhtair

English anglais ONglay

I'm English (*male/female*)
je suis anglais/anglaise -ez

do you speak English?
parlez-vous l'anglais?
parlay voo

enjoy: to enjoy oneself
s'amuser samOOzay

how did you like the film?
comment as-tu trouvé le
film? komON atOO troovay
I enjoyed it very much
j'ai beaucoup aimé
jay bo-koo paymay

enjoyable très agréable
tray zagrayabl

enlargement (of photo)
l'agrandissement *m*

agrONdeesmON

enormous énorme aynorm

enough assez assay

  there's not enough il n'y a pas assez eel nya pa

  it's not big enough ce n'est pas assez grand

  that's enough ça suffit sa soofee

entrance l'entrée f ONtray

envelope l'enveloppe f ONvlop

epileptic épileptique aypeelepteek

equipment (for climbing etc) l'équipement m aykeepmON

error l'erreur f air-rurr

especially spécialement spays-yalmON

essential essentiel aysONs-yel

  it is essential that... il est essentiel que...

EU (European Union) l'Union Européenne f ᴏᴏn-yON urropay-en

euro l'euro m urro

Eurocheque l'Eurochèque m urroshek

Eurocheque card la carte Eurochèque kart

Europe l'Europe f urrop

European européen(ne) urropay-AN, -en

even même mem

evening le soir swahr

  this evening ce soir

  in the evening le soir

evening meal le repas du soir ruhpa

eventually finalement feenalmON

ever jamais jamay

DIALOGUE

have you ever been to Cannes? est-ce que vous êtes déjà allé à Cannes? eskuh voo zet dayja alay a

yes, I was there two years ago oui, j'y suis allé il y a deux ans

every chaque shak

  every day chaque jour

everyone tout le monde too luh mONd

everything tout too

everywhere partout partoo

exactly! exactement! exaktuhmON

exam l'examen m examAN

example l'exemple m exONpl

  for example par exemple

excellent excellent exsaylON

  excellent! parfait! parfay

except sauf sohf

excess baggage l'excédent de bagages m exsaydON duh bagahj

exchange rate le cours du change koor dOO shONj

exciting passionnant pass-yonON

excuse me (to get past, to get attention) pardon par-dON

  (to say sorry) excusez-moi, pardon

exhaust (pipe) le tuyau d'échappement twee-o dayshapmON

exhausted (tired) épuisé aypweezay

exhibition l'exposition f

expozeess-yON

exit la sortie sortee

where's the nearest exit?
où se trouve la sortie la plus
proche?

expect attendre atONdr

expensive cher shair

experienced expérimenté
expayreemONtay

explain expliquer expleekay

can you explain that?
pouvez-vous expliquer cela?
poovay-voo

express (mail) par exprès express
(train) express

extension le poste posst

extension 21, please poste
vingt-et-un, s'il vous plaît

extension lead la rallonge ralONj

**extra: can we have an extra
one?** pouvons-nous en avoir
un/une supplémentaire?
poovON-noo zON avvwahr AN/OOn
sOOplaymONtair

**do you charge extra for
that?** est-ce qu'il faut payer un
supplément pour ça? eskeel fo
pay-ay AN sOOplaymON poor sa

extraordinary (strange)
extraordinaire

extremely extrêmement
extrem-mON

eye l'œil *m* uh-ee

**will you keep an eye on my
suitcase for me?**
est-ce que vous pouvez
surveiller ma valise?
eskuh voo poovay sOOrvay-ay

eyebrow pencil le crayon à
sourcils soorsee

eye drops les gouttes pour les
yeux goot poor lay z-juh

eyeglasses les lunettes lOOnet

eyeliner l'eye-liner *m*

eye make-up remover le
démaquillant pour les yeux
daymakee-yON

eye shadow l'ombre à paupière *f*
ONbr a pohp-yair

F

face le visage veezahj

factory l'usine *f* OOzeen

Fahrenheit fahrenheit faren-ī-t

faint s'évanouir sayvanweer

she's fainted elle s'est
évanouie el set ayvanwee

I feel faint je me sens mal
juh muh sON

fair la foire fwahr
(*adj*) juste jOOst

fairly (quite) assez assay

fake le faux fo

fall l'automne *m* oton
see **autumn**

fall (*verb*) tomber tONbay

she's had a fall elle est
tombée eel ay tONbay

false faux, *f* fausse fo, fohss

family la famille famee

famous célèbre saylebr

fan (electrical) le ventilateur
vONteelaturr

(hand held) l'éventail *m* ayvONt-ī
(sports) le/la fan fan

fan belt la courroie du
ventilateur koorwa dOO

fantastic fantastique fONtasteek

far loin lwAN

DIALOGUE

is it far from here? c'est loin
d'ici? say lwAN dee-see

no, not very far non, pas
très loin

it's about 20 kilometres
c'est à vingt kilomètres
environ ONveerON

fare le prix (du billet) pree (dOO
bee-yay)

farm la ferme fairm

fashionable à la mode mod

fast rapide rapeed

fat (person) gros, *f* grosse gro, gross
(on meat) le gras gra

father le père pair

father-in-law le beau-père bo-pair

faucet le robinet robeenay

fault le défaut dayfo

sorry, it was my fault désolé,
c'est de ma faute say duh ma foht

it's not my fault ce n'est pas
de ma faute

faulty (equipment) défectueux
dayfektOO-uh

favourite préféré prayfay-ray

fax le fax

(*verb*) (person) envoyer un fax à
ONvwy-ay
(document) faxer faxay

February février fayvree-ay

feel sentir sONteer

I feel hot j'ai chaud jay sho

I feel unwell je ne me sens pas
bien juh nuh muh sON pa b-yAN

I feel like going for a walk
j'ai envie d'aller me promener
jay ONvee

how are you feeling?
comment te sens-tu/vous
sentez-vous? komON tuh sON-tOO/
voo sONtay-voo

I'm feeling better je me sens
mieux juh muh sON m-yuh

felt-tip pen le stylo-feutre
steelo-furtr

fence la barrière baree-air

fender le pare-chocs par-shok

ferry le ferry

festival le festival festeeval

fetch aller chercher alay shairshay

I'll fetch him j'irai le chercher
jeeray

**will you come and fetch me
later?** est-ce que tu peux/vous
pouvez venir me chercher plus
tard? eskuh tOO puh/voo poovay
vuh-neer muh

feverish fiévreux fee-evruh

few: a few quelques-uns,
quelques-unes kelkuh-zAN,
kelkuh-zOOn

a few days quelques jours

fiancé le fiancé fee-ONsay

fiancée la fiancée fee-ONsay

field le champ shON

fight la bagarre bagar

file le fichier feeshee-ay

fill remplir rONpleer

fill in remplir rONpleer

do I have to fill this in?
est-ce que je dois remplir ceci?
eskuh juh dwa

fill up remplir rONpleer

fill it up, please le plein, s'il
vous plaît luh plAN

filling (in cake, sandwich)
la garniture

(in tooth) le plombage plONbahj

film (movie) le film feelm

(for camera) la pellicule peleekOOl

filter coffee le café filtre feeltr

filter papers les filtres mpl

filthy crasseux krassuh

find trouver troovay

I can't find it je n'arrive pas à le
retrouver juh nareev pa a luh ruh-

I've found it je l'ai trouvé lay
troovay

find out découvrir daykoovreer

could you find out for me?
pourriez-vous vous renseigner
pour moi? pooree-ay-voo voo
rONsen-yay poor mwa

fine (weather) beau bo

(punishment) l'amende f amONd

DIALOGUE

how are you? comment vas-
tu/allez-vous? komON vatOO/
alay-voo

I'm fine thanks bien, merci
b-yAN

and you? et toi/vous? twa

is that OK? est-ce que ça ira?
eskuh sa eera

that's fine thanks ça ira très
bien comme cela, merci
tray b-yAN kom suhla

finger le doigt dwa

finish terminer tairmeenay

I haven't finished yet
je n'ai pas encore terminé
juh nay pa zONkor tairmeenay

when does it finish?
à quelle heure est-ce que ça
finit? a kel urr eskuh sa feenee

fire le feu fuh

can we light a fire here?
pouvons-nous faire du feu ici?
poovON-noo fair dOO

it's on fire il a pris feu eel a
pree

fire alarm l'avertisseur d'incendie
m avairteessurr dANsONdee

fire brigade les pompiers pONp-
yay

fire escape la sortie de secours
sortee duh suhkoor

fire extinguisher l'extincteur *m*
extANkturr

first premier pruhm-yay

I was first je suis arrivé avant
vous juh sweez areevay avON voo

at first tout d'abord too dabor

the first time la première fois
pruhm-yair fwa

first on the left la première à
gauche

first aid les premiers secours
pruhm-yay suhkoor

first aid kit la trousse de
premiers secours trooss duh

first class (compartment etc)
de première (classe) duh pruhm-
yair klass

first floor le premier pruhm-yay
(US) le rez-de-chaussée rayd-
sho-say

first name le prénom praynON

fish le poisson pwassON

fishing village le village de
pêcheurs veelahj duh peshurr

fishmonger's la poissonnerie
pwassonnuh-ree

fit (attack) l'attaque *f* atak

(*verb*) **it doesn't fit me** ce n'est
pas la bonne taille suh nay pa la
bon ti

fitting room la cabine d'essayage
kabeen dessay-ahj

fix réparer rayparay

can you fix this? pouvez-
vous réparer ceci? poovay-voo

fizzy gazeux gazuh

flag le drapeau drapo

flannel le gant de toilette
gON duh twalet

flash (for camera) le flash

flat (apartment) l'appartement *m*
apartmON

(*adj*) plat pla

I've got a flat tyre j'ai un
pneu à plat jay un p-nuh

flavour l'arôme *m* arohm

flea la puce pOOss

flight le vol

flight number le numéro de vol
nOOmay-ro

flippers les palmes *fpl* pal-m

flood l'inondation *f*
eenONdass-yON

floor (of room) le plancher
plONshay
(storey) l'étage *m* aytahj

on the floor par terre tair

florist le/la fleuriste flurreest

flour la farine fareen

flower la fleur flurr

flu la grippe greep

fluent: he speaks fluent French il parle couramment le français kooramON

fly la mouche moosh

(*verb*) voler volay

fly in arriver en avion arrevay en av-yON

fly out partir en avion parteer

fog le brouillard broo-yar

foggy: it's foggy il y a du brouillard eelya dOO broo-yar

folk dancing les danses folkloriques dONss

folk music la musique folklorique mOOzeek

follow suivre sweevr

follow me suivez-moi sweevay-mwa

food la nourriture nooreetOOr

food poisoning l'intoxication alimentaire *f* ANtoxeekass-yON aleemONtair

food shop/store le magasin d'alimentation magazAN daleemONtass-yON

foot le pied p-yay

on foot à pied

football (game) le football

(ball) le ballon de football balON

football match le match de football

for pour poor

do you have something for…? (headache/diarrhoea etc) avez-vous quelque chose contre…? avay-voo kelkuh-shohz kONtr

| | DIALOGUE |

who's the chocolate mousse for? la mousse au chocolat, c'est pour qui?

that's for me c'est pour moi mwa

and this one? et l'autre?

that's for her c'est pour elle

where do I get the bus for Gare de l'Est? où dois-je prendre le bus pour aller à la gare de l'Est? oo dwaj proNdr luh bOOss poor alay

the bus for Gare de l'Est leaves from rue de Rivoli le bus qui va à la gare de l'Est part de la rue de Rivoli

how long have you been here? ça fait combien de temps que vous êtes ici? sa fay kONb-yAN duh tON kuh voo zet ee-see

I've been here for two days, how about you? je suis ici depuis deux jours, et vous? juh swee zee-see duhpwee

I've been here for a week je suis ici depuis une semaine

forehead le front frON

foreign étranger aytrONjay

foreigner l'étranger *m*, l'étrangère *f* aytrONjay, -jair

forest la forêt foray

forget oublier ooblee-ay

I forget, I've forgotten
j'ai oublié jay ooblee-ay

fork (for eating) la fourchette
foorshet

(in road) l'embranchement *m*
ONbrONshmON

form (document) le formulaire

formal dress la tenue de soirée
tuhnoo duh swahray

fortnight la quinzaine kANzen

fortunately heureusement
urrurzmON

**forward: could you forward
my mail?** est-ce que vous
pouvez faire suivre mon
courrier? eskuh voo poovay fair
sweevr mON koor-yay

forwarding address l'adresse
pour faire suivre le courrier *f*

foundation cream le fond de
teint fON duh tAN

fountain la fontaine fONten

foyer (of hotel) le hall awl
(of theatre) le foyer

fracture la fracture fraktoor

France la France frONss

free libre leebr
(no charge) gratuit gratwee
is it free (of charge)? est-ce
que c'est gratuit? eskuh say

freeway l'autoroute *f* otoroot

freezer le congélateur kONjaylaturr

French français, *f* française
frONsay, -ez

French fries les frites *fpl* freet

Frenchman le Français frONsay

Frenchwoman la Française
frONsez

frequent fréquent fraykON

**how frequent is the bus to
Marseilles?** à quels intervalles
y a-t-il un bus pour Marseille?
a kel ANtairval yateel

fresh frais, *f* fraîche fray, fresh

fresh orange l'orange pressée *f*
orONj pressay

Friday vendredi vONdruhdee

fridge le frigo freego

fried frit free

fried egg l'œuf sur le plat *m*
urf soor luh pla

friend l'ami *m*, l'amie *f* amee

friendly amical ameekal

from de duh

**when does the next train
from Lyons arrive?** à quelle
heure arrive le prochain train
en provenance de Lyon?
ON provuhnONss

from Monday to Friday
du lundi au vendredi doo… o

from next Thursday à partir
de jeudi prochain a parteer

front l'avant *m* avON

in front devant duhvON

in front of the hotel
devant l'hôtel

at the front à l'avant

frost le gel jel

frozen gelé juhlay

frozen food les aliments surgelés aleemON sOOrjuhlay

fruit les fruits *mpl* frwee

fruit juice le jus de fruit jOO duh frwee

fry frire freer

frying pan la poêle pwal

full plein plAN

  it's full of... c'est plein de...

  I'm full j'ai trop mangé jay tro mONjay

full board la pension complète pONs-yON kONplet

fun: it was fun on s'est bien amusé ON say b-yAN amOOzay

funny (strange, amusing) drôle

furniture les meubles *mpl* murbl

further plus loin plOO lwAN

  it's further down the road c'est plus loin sur cette route root

DIALOGUE

how much further is it to Figeac? il y a encore combien de kilomètres pour arriver à Figeac? eelya ONkor kONb-yAN duh keelometr

about 5 kilometres environ cinq kilomètres ONveerON

fuse le fusible fOOzeebl

  the lights have fused les plombs ont sauté lay plON ON sohtay

fuse box la boîte à fusibles bwat

fuse wire le fusible

future le futur fOOtOOr

  in future à l'avenir a lavneer

G

Travel tip France is more liberal on homosexuality than most other European countries. The age of consent is 16, and same-sex couples have been able to form civil partnerships since 1999. Male gay communities thrive, especially in Paris, Toulouse and Nice, but gay people tend to keep a low profile outside of specific gay venues.

gallon le gallon galON

game (cards etc) le jeu juh

  (match) la partie partee

  (meat) le gibier jeeb-yay

garage (for fuel) la station d'essence stass-yON dessONss

  (for repairs, parking) le garage garahj

garden le jardin jardAN

garlic l'ail *m* ī

gas le gaz

  (US) l'essence *f* essONss

gas cylinder (camping gas) la bouteille de gaz bootay

gasoline (US) l'essence *f* essONss

gas permeable lenses les lentilles semi-rigides *fpl* lontee suhmee-reejeed

gas station la station-service
stass-yON-sairveess

gate le portail port-ī

(at airport) la porte port

gay homosexuel

gay bar le bar d'homosexuels

gears les vitesses *fpl* veetess

gearbox la boîte de vitesses
bwat

gear lever le levier de vitesses
luhv-yay

general (*adj*) général jaynay-ral

Geneva Genève juhnev

gents (toilet) les toilettes pour
hommes twalet poor om

genuine (antique etc) authentique
otONteek

German allemand almON

German measles la rubéole
rOObay-ol

Germany l'Allemagne *f* almañ

get (fetch) obtenir obtuhneer

**will you get me another
one, please?** est-ce que
vous pouvez m'en apporter
un autre, s'il vous plaît?
eskuh voo poovay mON aportay
AN ohtr

how do I get to...? pouvez-
vous m'indiquer comment
aller à...? poovay-voo mANdeekay
komON talay

**do you know where I can
get them?** est-ce que vous
savez où je peux en trouver?
eskuh voo savay oo juh puh zON
troovay

can I get you a drink?
puis-je t'offrir/vous offrir un
verre? pweej tofreer...

**no, I'll get this one, what
would you like?** non,
celui-là c'est pour moi, que
voudrais-tu/voudriez-vous?
suhlwee-la say poor mwa

a glass of red wine
un verre de vin rouge

get back (return) rentrer rONtray

get in (arrive) arriver areevay

get off descendre duhsONdr

where do I get off? où dois-
je descendre? oo dwaj

get on (to train etc) monter mONtay

get out (of car etc) descendre
duhsONdr

get up (in the morning, stand up)
se lever suh luhvay

gift le cadeau kado

gift shop la boutique de cadeaux

gin le gin djeen

a gin and tonic, please
un gin-tonic, s'il vous plaît

girl la fille fee

girlfriend la petite amie
puhteet amee

give donner donay

**can you give me some
change?** pouvez-vous me
donner de la monnaie?
poovay-voo

I gave it to him je le lui ai
donné juh luh lwee ay donay

will you give this to...?
pouvez-vous donner ceci à...?

The Rough Guide French Phrasebook > ENGLISH→FRENCH   83

how much do you want for this? combien en voulez-vous? kONb-yAN ON voolay-voo

100 euros cent euros

I'll give you 90 euros je vous en donne 90 euros juh voo zON don

give back rendre rONdr

glad content kONtON

glass le verre vair

  a glass of wine un verre de vin

glasses (spectacles) les lunettes lOOnet

gloves les gants *mpl* gON

glue la colle kol

go aller alay

  we'd like to go to the cathedral nous aimerions aller à la cathédrale noo zemree-ON alay a

  where are you going? où vas-tu/allez-vous? oo vatOO/alay voo

  where does this bus go? où va ce bus?

  let's go! allons-y! alONzee

  she's gone (left) elle est partie partee

  where has he gone? où est-il allé? alay

  I went there last week j'y suis allé la semaine dernière

  hamburger to go hamburger à emporter ONportay

go away partir parteer

  go away! va t'en!/allez-vous-en! vatON/alay-voo-zON

go back (return) retourner ruhtoornay

go down descendre duhsONdr

  (price) baisser bessay

go in entrer ONtray

go out (in the evening) sortir sorteer

  do you want to go out tonight? veux-tu/voulez-vous sortir ce soir? vuh-tOO/voolay-voo

go through traverser travairsay

go up monter mONtay

goat la chèvre shevr

goat's cheese le fromage de chèvre fromahj

God Dieu d-yuh

goggles (ski) les lunettes de ski lOOnet

gold l'or *m*

golf le golf

golf course le terrain de golf terrAN

good bon, *f* bonne bON, bon

  good! bien! b-yAN

  it's no good ça ne va pas sa nuh va pa

goodbye au revoir o ruh-vwa

good evening bonsoir bONswa

Good Friday le Vendredi Saint vONdruhdee sAN

good morning bonjour bONjoor

good night bonne nuit bon nwee

goose l'oie *f* wa

got: we've got to leave il faut

que nous partions eel fo kuh

I've got to... il faut que je...

have you got any...? est-ce
que tu as/vous avez des/du...?
eskuh too a/voo zavay...

government le gouvernement
goovairnuhmoN

gradually peu à peu puh a puh

grammar la grammaire

gram(me) le gramme

granddaughter la petite-fille
puhteet-fee

grandfather le grand-père
groN-pair

grandmother la grand-mère
groN-mair

grandson le petit-fils puhtee-feess

grapefruit le pamplemousse
poNpluh-mooss

grapefruit juice le jus de
pamplemousse joo

grapes le raisin rez-AN

grass l'herbe f airb

grateful reconnaissant
ruhkonessoN

gravy la sauce au jus de viande
sohss o joo duh vee-oNd

great (excellent) fantastique
foNtasteek

that's great! c'est formidable!
say formee-dabl

a great success un grand
succès groN sook-say

Great Britain la Grande-
Bretagne groNd-bruhtañ

Greece la Grèce gress

greedy gourmand goormoN

Greek grec

green vert vair

green card (car insurance)
la carte verte kart vairt

greengrocer's le marchand de
légumes marshoN duh laygoom

grey gris gree

grill le grill

grilled grillé gree-yay

grocer's l'épicerie f aypeesree

ground le sol

on the ground par terre tair

ground floor le rez-de-chaussée
rayd-sho-say

group le groupe groop

guarantee la garantie garoNtee

is it guaranteed? y a-t-il une
garantie? yateel

guest l'invité(e) ANveetay

guesthouse la pension poNs-yoN

guide le guide geed

guidebook le guide

guided tour la visite guidée
veezeet geeday

guitar la guitare geetar

gum (in mouth) la gencive joNseev

gun le fusil foozee

gym le gymnase jeemnaz

H

hair les cheveux mpl shuhvuh

hairbrush la brosse à cheveux
bross

haircut la coupe de cheveux koop

hairdresser le coiffeur kwafurr

hairdryer le sèche-cheveux
sesh-shuhvuh

hair gel le gel (pour les cheveux)
jel

hairgrips les pinces à cheveux
fpl pANSS

hair spray la laque lak

half la moitié mwatee-ay

  half an hour une demi-heure
duhmee-urr

  half a litre un demi-litre

  about half that la moitié

half board la demi-pension
duhmee-pONs-yON

half-bottle la demi bouteille
bootay

half fare le demi-tarif tareef

half price moitié prix
mwatee-ay pree

ham le jambon jONbON

hamburger le hamburger
ONboorgair

hammer le marteau marto

hand la main mAN

handbag le sac à main

handbrake le frein à main frAN

handkerchief le mouchoir
mooshwahr

handle la poignée pwAN-yay

hand luggage les bagages à
main *mpl* bagahj

hang-gliding le deltaplane -plahn

hangover la gueule de bois
gurl duh bwa

  I've got a hangover j'ai la
gueule de bois

happen arriver areevay

what's happening? qu'est-ce
qui se passe? kes-kee suh pass

what has happened? qu'est-
ce qui s'est passé? say passay

happy heureux ur-ruh

  I'm not happy about this ça
ne me plaît pas sa nuh muh play pa

harbour le port por

hard dur dOOr

  (difficult) difficile deefeesseel

hard-boiled egg l'œuf dur *m* urf

hard lenses les lentilles dures *fpl*
lONtee dOOr

hardly à peine a pen

  hardly ever presque jamais
presk jamay

hardware shop la quincaillerie
kAN-ky-ree

hat le chapeau shapo

hate détester daytestay

have avoir avwahr

  can I have a...? j'aimerais...
jemray

  do you have...? as-tu/avez-
vous...? atOO/avay-voo

  what'll you have? qu'est-ce
que tu prends/vous prenez?
keskuh tOO prON/voo pruhnay

  I have to leave now je dois
partir maintenant juh dwa

  do I have to...? est-ce que je
dois...? eskuh

  can we have some...? est-ce
que nous pouvons avoir du...?

  we don't have any left nous
n'en avons plus noo nON avON plOO

hayfever le rhume des foins rOOm
day fwAN

hazelnuts les noisettes *fpl* nwazet

he il eel

head la tête tet

headache le mal de tête

headlights les phares *mpl* far

headphones les écouteurs *mpl* aykooturr

health food shop le magasin de produits diététiques *m* magazAN duh prodwee dee-aytayteek

healthy (food, climate) bon pour la santé sONtay

(person) bien portant b-yAN portON

hear entendre ONtONdr

can you hear me? m'entendez-vous? mONtONday-voo

I can't hear you, could you repeat that? je ne vous entends pas, pouvez-vous répéter? juh nuh voo zONtON pa poovay-voo raypaytay

hearing aid l'audiophone *m* odeeo-fon

heart le cœur kurr

heart attack la crise cardiaque kreez kard-yak

heat la chaleur shalurr

heater (in room) le radiateur rad-yaturr

(in car) le chauffage shohfahj

heating le chauffage

heavy lourd loor

heel le talon talON

could you heel these? pouvez-vous refaire les talons? poovay-voo ruhfair

heelbar le talon-minute talON-meenOOt

height (of person) la taille tī

(of mountain) l'altitude *f*

helicopter l'hélicoptère *m* ayleekoptair

hello bonjour bONjoor

(in the evening) bonsoir bONswa

(answer on phone) allô

helmet (for motorcycle) le casque kask

help l'aide *f* ed

(*verb*) aider ayday

help! au secours! o suhkoor

can you help me? est-ce que vous pouvez m'aider? eskuh voo poovay

thank you very much for your help merci de votre aide

helpful (person) serviable sairvee-abl

(objects) utile OOteel

hepatitis l'hépatite *f* aypateet

her: I haven't seen her je ne l'ai pas vue

to her à elle el

for/with her pour/avec elle

that's her c'est elle

her towel sa serviette

herbal tea la tisane teezahn

herbs les fines herbes *fpl* feen zairb

here ici ee-see

here is/are... voici... vwa-see

here you are (offering) voilà vwala

hers: that's hers c'est à elle
set a el

hey! hé! hay

hi! (hello) salut! saloo

hide cacher kashay

high haut o

highchair la chaise haute shez oht

highway l'autoroute f otoroot

hill la colline koleen

him: I haven't seen him je ne
l'ai pas vu

to him à lui lwee

with him avec lui

for him pour lui

that's him c'est lui

hip la hanche ONSh

hire: for hire à louer loo-ay

(*verb*) louer

where can I hire a bike?
où y a-t-il des vélos à louer?
oo yateel

his: it's his car c'est sa voiture

it's his bike c'est son vélo SON

that's his c'est à lui set a lwee

hit frapper frapay

hitch-hike faire de l'autostop
fair duh lotostop

hobby le hobby obbee

hockey le hockey ockee

hold tenir tuhneer

hole le trou troo

holiday les vacances *fpl* vakONss

on holiday en vacances ON

Holland la Hollande ollONd

home la maison mezzON

at home (in my house etc)

chez moi shay mwa

(in my country) dans mon pays
dON mON payee

we go home tomorrow nous
rentrons demain rONtrON duhmAN

honest honnête onnet

honey le miel mee-el

honeymoon la lune de miel loon

hood (of a car) le capot kapo

hope espérer espayray

I hope so j'espère que oui
jespair kuh wee

I hope not j'espère que non

**hopefully: hopefully he'll
arrive soon** espérons qu'il
arrive bientôt espairON

horn (of car) le klaxon

horrible horrible oreebl

horse le cheval shuhval

horse riding l'équitation f
aykeetass-yON

hospital l'hôpital m opee-tal

hospitality l'hospitalité f -eetay

**thank you for your
hospitality** merci de votre
hospitalité

hot chaud sho

(spicy) épicé aypeessay

I'm hot j'ai chaud jay

it's hot today il fait chaud
aujourd'hui eel fay

hotel l'hôtel m otel

hotel room: in my hotel room
dans ma chambre d'hôtel shONbr

hour l'heure f urr

house la maison mezzON

house wine la cuvée du patron

kOOvay dOO

hovercraft l'aéroglisseur *m*
a-ayro-gleessurr

how comment komON

how many? combien?
kONb-yAN

how do you do? enchanté!
ONshONtay

DIALOGUE

how are you? comment
vas-tu/allez-vous? komON
va-tOO/alay-voo

fine, thanks, and you?
bien, merci, et toi/vous? twa

how much is it?
c'est combien?

... euros ... euros urro

I'll take it je le prends
juh luh prON

humid humide OOmeed

humour l'humour *m* OOmoor

hungry: I'm hungry j'ai faim
jay fAN

are you hungry? est-ce que tu
as/vous avez faim? eskuh tOO a/
voo zavay

hurry se dépêcher suh daypeshay

I'm in a hurry je suis pressé
juh swee pressay

there's no hurry ce n'est pas
pressé suh nay pa

hurry up! dépêche-toi!/
dépêchez-vous! daypesh-twa/
daypeshay-voo

hurt faire mal

it really hurts ça fait vraiment
mal sa fay vraymON

husband le mari maree

hydrofoil l'hydrofoil *m* eedro-

hypermarket l'hypermarché *m*
eepairmarshay

I je juh

ice la glace glass

with ice avec des glaçons
glassON

no ice, thanks pas de glaçons,
merci

ice cream la glace glass

ice-cream cone le cornet de
glace kornay

iced coffee le café glacé glassay

ice lolly l'esquimau *m* eskeemo

ice rink la patinoire pateenwahr

ice skates les patins à glace *mpl* patAN a glass

idea l'idée *f* eeday

idiot l'idiot *m* eedee-o

if si see

ignition l'allumage *m* al00mahj

ill malade malad

  I feel ill je ne me sens pas bien juh nuh muh soN pa b-yAN

illness la maladie maladee

imitation (leather etc) l'imitation *f* eemeetass-yON

immediately immédiatement eemaydee-atmoN, tout de suite toot sweet

important important ANportoN

  it's very important c'est très important say trayz

  it's not important ça ne fait rien sa nuh fay ree-AN

impossible impossible ANposs-eebl

impressive impressionnant ANpress-yonoN

improve améliorer amayleeoray

  I want to improve my French je veux améliorer mon français juh vuh

in: it's in the centre c'est au centre o soNtr

  in my car dans ma voiture doN

  in Dijon à Dijon

  in two days from now d'ici deux jours

  in May en mai oN

  in English en anglais

  in French en français

is he in? il est là? eel ay la

in five minutes dans cinq minutes

inch le pouce pooss

include inclure ANkloor

  does that include meals? est-ce que les repas sont compris? eskuh lay ruhpa soN koNpree

  is that included? est-ce que c'est compris?

inconvenient inopportun eenoportAN

incredible (very good, amazing) incroyable ANkrwy-abl

Indian indien, *f* indienne ANdee-AN, -en

indicator (on car) le clignotant kleen-yotoN

indigestion l'indigestion *f* ANdeejest-yON

indoor pool la piscine couverte peesseen koovairt

indoors à l'intérieur lANtay-ree-urr

inexpensive bon marché boN marshay

infection l'infection *f* ANfex-yON

infectious contagieux koNtahj-yuh

inflammation l'inflammation *f* ANflamass-yON

informal simple sANpl

information les renseignements *mpl* roNsen-yuhmoN

  do you have any information about…? est-ce que vous avez des renseignements sur…? eskuh voo zavay

information desk les renseignements rONsen-yuhmON

injection la piqûre pee-kOOr

injured blessé blessay

   she's been injured elle est blessée

in-laws les beaux-parents bo-parON

inner tube la chambre à air shONbr

innocent innocent eenosON

insect l'insecte m ANsekt

insect bite la piqûre d'insecte peekOOr

   do you have anything for insect bites? est-ce que vous avez quelque chose contre les piqûres d'insecte? eskuh voo zavay kelkuh shohz

insect repellent la crème anti-insecte krem ONtee-ANsekt

inside à l'intérieur lANtayree-urr

   inside the hotel dans l'hôtel dON

   let's sit inside allons nous asseoir à l'intérieur

insist insister ANseestay

   I insist j'insiste jANseest

insomnia l'insomnie f ANsomnee

instant coffee le café soluble solOObl

instead à la place plass

   give me that one instead donnez-moi celui-ci à la place donay-mwa suhlwee-see

   instead of... au lieu de... o l-yuh duh

insulin l'insuline f ANsOOleen

insurance l'assurance f assOOrONss

intelligent intelligent ANtayleejON

interested: I'm interested in... je m'intéresse à... mANtay-ress

interesting intéressant ANtayressON

   that's very interesting c'est très intéressant

international international ANtairnass-yonal

interpret faire l'interprète fair lANtairpret

interpreter l'interprète mf ANtairpret

intersection le carrefour karfoor

interval (at theatre) l'entracte m ONtrakt

into dans dON

   I'm not into... je n'aime pas... juh nem pa

introduce présenter prayzONtay

   may I introduce...? puis-je vous présenter...? pweej voo

invitation l'invitation f ANveetass-yON

invite inviter ANveetay

Ireland l'Irlande f eerlONd

Irish irlandais eerlONday

   I'm Irish (male/female) je suis irlandais/irlandaise -ez

iron (for ironing) le fer à repasser fair a ruh-passay

   can you iron these for me? pouvez-vous me repasser ces vêtements? vetmON

is est ay

island l'île f eel

it ça sa; il eel; elle el

   it is… c'est… say

   is it…? est-ce…? ess

   where is it? où est-ce que c'est? weskuh say

   it's him c'est lui

   it was… c'était… saytay

Italian italien eetalyAN

Italy l'Italie f eetalee

itch: it itches ça me démange sa muh daymONj

J

jack (for car) le cric kreek

jacket la veste vest

jar le pot po

jam la confiture kONfeetOOr

jammed: it's jammed c'est coincé say kwANsay

January janvier jONvee-ay

jaw la mâchoire mashwahr

jazz le jazz

jealous jaloux jaloo

jeans le jean

jellyfish la méduse maydOOz

jersey le tricot treeko

jetty la jetée juhtay

Jewish juif, f juive jweef, jweev

jeweller's la bijouterie beejootuhree

jewellery les bijoux beejoo

job le travail trav-ī

jogging le jogging

   to go jogging faire du jogging fair

joke la plaisanterie plezzONtree

journey le voyage vwy-ahj

   have a good journey! bon voyage!

jug le pot po

   a jug of water une carafe d'eau do

juice le jus jOO

July juillet jwee-yay

jump sauter sohtay

jumper le pull pool

jump leads les câbles de démarrage kahbl duh daymarahj

junction le croisement krwazmON

June juin jWAN

just (only) seul surl

   just two seulement deux surlmON

   just for me seulement pour moi poor mwa

   just here juste ici jOOst ee-see

   not just now pas maintenant pa

   we've just arrived nous venons d'arriver noo vuhnON dareevay

K

keep garder garday

   keep the change gardez la monnaie garday la monay

   can I keep it? est-ce que je peux le garder? eskuh juh puh

   please keep it gardez-le

ketchup le ketchup

kettle la bouilloire boo-ee-wahr

key la clé klay

the key for room 201, please la clé de la chambre deux cent un, s'il vous plaît

key ring le porte-clé port-klay

kidneys (in body) les reins *mpl* rAN

(food) les rognons *mpl* rON-yON

kill tuer too-ay

kilo le kilo

kilometre le kilomètre keelo-metr

how many kilometres is it to…? combien y a-t-il de kilomètres pour aller à…? kONb-yAN yateel

kind aimable em-abl

that's very kind c'est très aimable

DIALOGUE

which kind do you want? de quel type voulez-vous? duh kel teep

I want this/that kind c'est de ce type que je veux

king le roi rwa

kiosk le kiosque

kiss le baiser bezzay

(*verb*) embrasser ONbrassay

kitchen la cuisine kweezeen

kitchenette le coin-cuisine kwAN-kweezeen

knee le genou juh-noo

knickers le slip sleep

knife le couteau kooto

knitwear les tricots treeko

knock frapper frapay

knock down renverser rONvairsay

he's been knocked down il s'est fait renverser eel say fay

knock over renverser rONvairsay

know (somebody, a place) connaître konetr

(something) savoir savwahr

I don't know je ne sais pas juh nuh say pa

I didn't know that je ne savais pas savay

do you know where I can find…? savez-vous où je peux trouver…? savay-voo

L

label l'étiquette *f* ayteeket

ladies' (room) les toilettes (pour dames) twalet poor dam

ladies' wear les vêtements pour femmes vetmON poor fam

lady la dame dam

lager la bière bee-air

lake le lac

lamb l'agneau *m* an-yo

lamp la lampe lONp

lane (on motorway) la voie vwa

(small road) le chemin shuhmAN

language la langue lONg

language course le cours de langue koor duh lONg

laptop l'ordinateur portable ordeenaturr portahbl

large grand grON

last dernier dairn-yay

last week la semaine dernière suhmen dairn-yair

last Friday vendredi dernier

last night hier soir yair swahr

what time is the last train to Nancy? à quelle heure part le dernier train pour Nancy? kel urr par

late tard tar

sorry I'm late je suis désolé d'être en retard juh swee dayzolay detr ON ruhtar

the train was very late le train avait beaucoup de retard avay bo-koo duh

we'll be late nous allons arriver en retard noo zalON areevay

it's getting late il se fait tard eel suh fay

later plus tard plOO tar

I'll come back later je reviendrai plus tard juh ruhvee-ANdray

see you later à tout à l'heure a toota lurr

later on plus tard

latest dernier dairn-yay

by Wednesday at the latest d'ici mercredi au plus tard o plOO tar

laugh rire reer

launderette/ laundromat la laverie automatique lavree otomateek

laundry (clothes) le linge sale lANj sal

(place) la blanchisserie

blONsheesree

lavatory les toilettes twalet

law la loi lwa

lawn la pelouse puhlooz

lawyer l'avocat *m* avoka

laxative le laxatif laxateef

lazy paresseux paressuh

lead (electrical) le fil (électrique) feel aylektreek

(*verb*) mener muhnay

where does this lead to? où cette route mène-t-elle? oo set root mentel

leaf la feuille fuh-ee

leaflet le dépliant daypleeON

leak la fuite fweet

(*verb*) fuir fweer

the roof leaks il y a une fuite dans le toit eelya

learn apprendre aprONdr

least: not in the least pas du tout pa dOO too

at least au moins o mwAN

leather le cuir kweer

leave (go away) partir parteer

I am leaving tomorrow je pars demain juh par

he left yesterday il est parti hier eel ay partee

when does the bus for Avignon leave? à quelle heure part le bus pour Avignon? par

may I leave this here? puis-je laisser ceci ici? pweej lessay suhsee ee-see

I left my coat in the bar j'ai

oublié ma veste au bar
jay ooblee-ay

leeks les poireaux *mpl* pwahro

left la gauche gohsh

on the left à gauche

to the left sur la gauche sŒr

turn left tournez à gauche

there's none left il n'y en a
plus eel n-yON a plŒ

left-handed gaucher gohshay

left luggage (office) la consigne
kONseeñ

leg la jambe jONb

lemon le citron seetrON

lemonade la limonade leemonad

lemon tea le thé citron tay
seetrON

lend prêter pretay

will you lend me your...?
pourrais-tu/pourriez-vous me
prêter ton/votre...? pooray-tŒ/
pooree-ay-voo muh

lens (of camera) l'objectif *m*
objekteef

lesbian la lesbienne

less moins mwAN

less than moins que

less expensive moins cher

lesson la leçon luhsON

let laisser lessay

will you let me know?
pouvez-vous me le faire savoir?
poovay-voo muh luh fair savwahr

I'll let you know je te/vous
préviendrai juh tuh/voo prayvee-
ANdray

let's go for something to

eat allons manger un morceau
alON mONjay

let off laisser descendre lessay
duhsONdr

will you let me off at...?
pouvez-vous me laisser
descendre à..., s'il vous plaît?
poovay-voo

letter la lettre letr

**do you have any letters for
me?** est-ce qu'il y a du courrier
pour moi? eskeel ya dŒ kooree-
ay poor mwa

letterbox la boite à lettres
bwat a letr

lettuce la laitue letŒ

lever le levier luhv-yay

library la bibliothèque

licence le permis pairmee

lid le couvercle koovairkl

lie (tell untruth) mentir mONteer

lie down s'étendre saytONdr

life la vie vee

lifebelt la bouée de sauvetage
boo-ay duh sohvtahj

lifeguard le maître nageur
metr nahjurr

life jacket le gilet de sauvetage
jeelay duh sohvtahj

lift (in building) l'ascenseur *m*
asONsurr

could you give me a lift?
pouvez-vous m'emmener?
poovay-voo mONmuhnay

would you like a lift? est-
ce que je peux vous déposer
quelque part? eskuh juh puh voo
daypohzay kelkuh par

lift pass le forfait de remonte-pente *forfay duh ruhmONT-pONT*

   a daily/weekly lift pass un forfait de remonte-pente d'une journée/d'une semaine

light la lumière *lOOm-yair*

   (not heavy) léger *lay-jay*

   do you have a light? avez-vous du feu? *avay-voo dOO fuh*

   light green vert clair

light bulb l'ampoule *fONpool*

lighter (cigarette) le briquet *breekay*

lightning les éclairs *ayklair*

like aimer *aymay*

   I like it ça me plaît *sah muh play*

   I like going for walks j'aime bien aller me promener *jem b-yAN*

   I like you tu me plais *tOO muh play*

   I don't like it ça ne me plaît pas

   do you like…? est-ce que tu aimes/vous aimez…? *tOO em/voo zaymay*

   I'd like a beer je voudrais une bière *juh voodray*

   I'd like to go swimming j'aimerais nager *jemray*

   would you like a drink? veux-tu/voulez-vous boire quelque chose? *vuh-tOO/voolay-voo*

   would you like to go for a walk? veux-tu/voulez-vous aller faire une promenade?

   what's it like? comment est-ce? *komON tess*

   one like this un comme ça *kom*

lime le citron vert *seetrON vair*

lime cordial le jus de citron vert *jOO*

line la ligne *leeñ*

   could you give me an outside line? pouvez-vous me donner une ligne extérieure? *poovay-voo*

lip la lèvre *levr*

lip salve la pommade pour les lèvres *pomahd*

lipstick le rouge à lèvres *rooj*

liqueur la liqueur *leekurr*

listen écouter *aykootay*

litre le litre *leetr*

   a litre of white wine un litre de vin blanc

little petit *puhtee*

   just a little, thanks un tout petit peu, s'il vous plaît *AN too puhtee puh*

   a little milk un peu de lait

   a little bit more un petit peu plus *plOOss*

live vivre *veevr*

   we live together nous vivons ensemble *noo veevON zONsONbl*

   where do you live? où est-ce que tu habites/vous habitez? *weskuh tOO abeet/voo zabeetay*

   I live in London je vis à Londres *vee*

lively vivant *veevON*

liver le foie *fwa*

loaf le pain pAN

lobby (in hotel) le hall al

lobster la langouste lONgoost

local local lo-kal

a local wine/restaurant
un vin de la région/un
restaurant dans le quartier
duh la rayjON/... dON luh kart-yay

lock la serrure sair-rOor

(*verb*) fermer à clé fairmay a klay

it's locked c'est fermé à clé
fairmay

lock in enfermer à clé ONfairmay

lock out enfermer dehors
duh-or

I've locked myself out
je me suis enfermé dehors
juh muh swee zONfairmay

locker (for luggage etc) le casier
kaz-yay

lollipop la sucette sOOsset

London Londres lONdr

long long, *f* longue lON, lON-g

**how long will it take to fix
it?** combien de temps est-ce
que ça prendra pour le réparer?
kONb-yAN duh tON

how long does it take?
combien de temps est-ce que
ça prend? eskuh sa prON

a long time longtemps lONtON

one day/two days longer
un jour/deux jours en plus
ON plOOss

long-distance call
l'appel longue-distance *m*

loo les toilettes twalet

look regarder ruhgarday

I'm just looking, thanks
je ne fais que regarder, merci
juh nuh fay kuh

you don't look well
tu n'as pas l'air dans ton assiette
tOO na pa lair dON tON ass-yet

look out! attention! atONs-yON

can I have a look? puis-je
regarder? pweej

look after garder garday

look at regarder ruhgarday

look for chercher shairshay

I'm looking for...
je cherche... juh shairsh

**look forward to: I'm looking
forward to it** je m'en réjouis
à l'avance juh mON rayjwee a
lavONss

loose (handle etc) lâche lahsh

lorry le camion kam-yON

lose perdre pairdr

I've lost my way je suis perdu
juh swee pairdOO

I'm lost, I want to get to...
je suis perdu, je voudrais
aller à...

I've lost my (hand)bag
j'ai perdu mon sac à main jay

lost property (office) les objets
trouvés objay troovay

lot: a lot, lots beaucoup bo-koo

not a lot pas beaucoup pa

a lot of people
beaucoup de monde

a lot bigger
beaucoup plus gros

I like it a lot
ça me plaît beaucoup

lotion la lotion lohss-yON

loud fort for

lounge le salon

  (in airport) la salle
d'embarquement sal
dONbarkmON

love l'amour *m* amoor

  (*verb*) aimer aymay

  I love Corsica j'aime la Corse
jem

lovely (view, present etc) ravissant
ravee-sON

  (meal) délicieux dayleess-yuh

  (weather) magnifique
mAN-yeefeek

low bas ba

luck la chance shONss

  good luck! bonne chance! bon

luggage les bagages *mpl* bagahj

luggage trolley le chariot à
bagages sharee-o

lump (on body) la grosseur
grossurr

lunch le déjeuner dayjuhnay

lungs les poumons *mpl* poomON

Luxembourg le Luxembourg
lOOxONboor

luxurious luxueux lOOxOO-uh

luxury le luxe lOOx

M

machine la machine

mad (insane) fou, *f* folle foo, fol

  (angry) furieux fOOree-uh

magazine le magazine

maid (in hotel) la femme de
chambre fam duh shONbr

maiden name le nom de jeune
fille nON duh jurn fee

mail le courrier kooree-ay

  (*verb*) poster posstay

  is there any mail for me?
est-ce qu'il y a du courrier
pour moi? eskeel ya dOO

mailbox la boite à lettres
bwat a letr

main principal prANseepal

main course le plat principal pla

main post office la poste
principale posst

main road (in town) la rue
principale rOO

  (in country) la grande route
grONd root

mains switch le disjoncteur
deesjONkturr

make (brand name)

la marque mark

(*verb*) faire fair

I make it 500 euros d'après mes calculs, ça fait cinq cents euros dapray may kalkOOl sa fay

what is it made of? en quoi est-ce? ON kwa ess

make-up le maquillage makee-ahj

man l'homme *m* om

manager le patron pa-trON

can I see the manager? puis-je parler au patron? pweej parlay o

manageress la directrice deerektreess

manual (car) la voiture à embrayage manuel vwatOOr a ONbrī-ahj mONOOel

many beaucoup bo-koo

not many pas beaucoup pa

map (of city) le plan plON

(road map, geographical) la carte kart

March mars marss

margarine la margarine margareen

market le marché marshay

marmalade la confiture d'oranges kONfeetOOr dorONj

married: I'm married je suis marié juh swee maree-ay

are you married? êtes-vous marié? et-voo

mascara le mascara

match (football etc) le match

matches les allumettes *fpl* alOOmet

---

material (fabric) le tissu teessOO

matter: it doesn't matter ça ne fait rien sa nuh fay ree-AN

what's the matter? qu'est-ce qu'il y a? keskeel ya

mattress le matelas matla

May mai may

may: may I have another one? puis-je en avoir un autre? pweej

may I come in? puis-je entrer?

may I see it? puis-je le/la voir?

may I sit here? est-ce que je peux m'asseoir ici? eskuh juh puh masswahr

maybe peut-être puht-etr

mayonnaise la mayonnaise

me moi mwa

that's for me c'est pour moi

send it to me envoyez-le moi

me too moi aussi o-see

meal le repas ruhpa

did you enjoy your meal? est-ce que vous avez fait un bon repas? eskuh voo zavay fay tAN bON

it was excellent, thank you c'était excellent, merci saytay

mean signifier seen-yeefee-ay

what do you mean? qu'est-ce que vous voulez dire? keskuh voo voolay deer

---

what does this word mean? que signifie ce mot? kuh seen-yeefee suh mo

it means… in English ça veut dire… en anglais sa vuh deer

measles la rougeole roojol

meat la viande veeOnd

mechanic le mécanicien maykaneess-yAN

medicine le médicament maydeekamOn

Mediterranean la Méditerranée maydeetairanay

medium (size) moyen mwy-AN

medium-dry (wine) demi-sec duhmee-sek

medium-rare (steak) à point pwAN

medium-sized moyen mwy-AN

meet rencontrer rOnkOntray

nice to meet you enchanté OnshOntay

where shall I meet you? où nous retrouverons-nous? oo noo ruhtroovuhrOn-noo

meeting la réunion rayOon-yOn

meeting place le point de rendez-vous pwAN duh

melon le melon muhlOn

memory stick la clé USB klay OO-ess-bay

men les hommes Om

mend réparer rayparay

could you mend this for me? pouvez-vous me réparer

ça? poovay-voo

menswear les vêtements pour hommes vetmOn poor om

mention mentionner mOns-yonay

don't mention it je vous en prie juh voo zOn pree

menu la carte kart

may I see the menu, please? puis-je voir la carte, s'il vous plaît? pweej vwahr see Menu Reader on p.228

message le message messahj

are there any messages for me? est-ce que quelqu'un a laissé un message pour moi? eskuh kelkAN a lessay

I want to leave a message for… je voudrais laisser un message pour… juh voodray

metal le métal may-tal

metre le mètre metr

microwave le micro-ondes meekro-Ond

midday midi meedee

at midday à midi

middle: in the middle au milieu o meel-yuh

in the middle of the night au milieu de la nuit

the middle one celui du milieu

midnight minuit meenwee

at midnight à minuit

might: I might want to stay another day il est possible que je reste encore un jour eel ay posseebl kuh

I might not leave tomorrow il est possible que je ne parte pas demain

migraine la migraine meegren

mild (taste, weather) doux, f douce doo, dooss

mile le mille meel

milk le lait lay

milkshake le milk-shake

millimetre le millimètre meelee-metr

minced meat la viande hachée veeONd ashay

mind: never mind tant pis tON pee

   I've changed my mind j'ai changé d'avis jay shONjay davee

do you mind if I open the window? ça vous dérange si j'ouvre la fenêtre? sa voo dayrONj see

no, I don't mind non, ça ne me dérange pas sa nuh muh

mine: it's mine c'est à moi set a mwa

mineral water l'eau minérale f o meenayral

mint-flavoured à la menthe mONt

mint cordial la menthe à l'eau a lo

mints (sweets) les bonbons à la menthe mpl

minute la minute meenOOt

   in a minute dans un instant dON zAN ANstON

   just a minute un instant

mirror le mirroir meer-wahr

Miss Mademoiselle mad-mwazel

miss rater ratay

I missed the bus j'ai raté le bus jay ratay

missing: to be missing manquer mONkay

   one of my… is missing il me manque un de mes… eel muh mONk

   there's a suitcase missing il manque une valise

mist la brume brOOm

mistake l'erreur f air-rurr

   I think there's a mistake je crois qu'il y a une erreur juh krwa keelya

   sorry, I've made a mistake désolé, j'ai fait une erreur

misunderstanding le malentendu malONtONdOO

mix-up: sorry, there's been a mix-up désolé, il y a une erreur dayzolay eelya OOn air-rurr

mobile le (téléphone) portable portahbl

modern moderne modairn

modern art gallery la galerie d'art moderne dar

moisturizer la crème hydratante krem eedratONt

moment: I'll be back in a moment je reviens dans un instant juh ruhv-yAN dON zAN ANstON

Monday lundi lANdee

money l'argent m arjON

month le mois mwa

monument le monument monOOmON

moon la lune lOOn

moped la mobylette mobeelet

more plus plOOss

  can I have some more water, please? est-ce que je peux avoir encore un peu d'eau, s'il vous plaît? eksuh juh puh avwahr ONkor

  more expensive/interesting plus cher/intéressant plOO

  more than 50 plus de cinquante

  more than that plus que ça kuh sa

  a lot more beaucoup plus bo-koo

  would you like some more? est-ce que vous en voulez encore? eskuh voo zON voolay

no, no more for me, thanks non, pas pour moi, merci

how about you? et vous?

I don't want any more, thanks je n'en veux plus, merci

morning le matin matAN

  this morning ce matin

  in the morning le matin

Moroccan marocain marokAN

Morocco le Maroc

mosquito le moustique moosteek

mosquito repellent le produit anti-moustiques prodwee ONtee-moosteek

most: I like that most of all c'est ce que je préfère say suh kuh juh prayfair

most of the time la plupart du temps plOOpar

most tourists la plupart des touristes

mostly principalement prANseepal-mON

mother la mère mair

motorbike la moto

motorboat le bateau à moteur bato a moturr

motorway l'autoroute f otoroot

mountain la montagne mONtañ

  in the mountains à la montagne

mountaineering l'alpinisme m alpeeneess-muh

mouse la souris sooree

moustache la moustache mooss-tash

mouth la bouche boosh

mouth ulcer l'aphte m afft

move bouger boojay

  he's moved to another room il a changé de chambre eel a shONjay duh shONbr

  could you move your car? est-ce que vous pouvez déplacer votre voiture? eskuh voo poovay dayplassay votr vwatoor

  could you move up a little? est-ce que vous pouvez vous pousser un peu? poossay

  where has it moved to? où se trouve-t-il maintenant? oo suh troovteel mANtuhnON

movie le film feelm

movie theater le cinéma seenayma

MP3 format le format MP3 forma em-pay-trwa

Mr Monsieur muhss-yuh

Mrs Madame ma-dam

Ms Madame; Mademoiselle ma-dam, mad-mwazel

much beaucoup bo-koo

  much better/much worse beaucoup mieux/bien pire b-yAN

  much hotter beaucoup plus chaud

  not much pas beaucoup pa

  not very much pas tellement telmON

  I don't want very much je n'en veux pas beaucoup juh nON vuh pa

mud la boue boo

mug (for drinking) la tasse tass

  I've been mugged j'ai été dévalisé jay aytay dayvaleezay

mum la maman ma-mON

mumps les oreillons oray-ON

museum le musée moozay

> **Travel tip** Many state-owned museums have one day of the week when they're free or half-price. At other times, reductions are often available for those over 60 and under 18 (you'll need your passport as proof of age) and for students under 26. Many are free for children under 12.

mushrooms les champignons *mpl* shONpeen-yON

music la musique moozeek

musician le musicien, la musicienne moozeess-yAN, -yen

Muslim musulman moozoolmON

mussels les moules *fpl* mool

must: I must je dois juh dwa

  I mustn't drink alcohol il ne faut pas que je boive d'alcool eel nuh fo pa juh

mustard la moutarde mootard

my: my room ma chambre

  my passport mon passeport mON

  my parents mes parents may

myself: I'll do it myself je le ferai moi-même mwa-mem

  by myself tout seul too surl

N

nail (finger) l'ongle *m* ONgl

  (metal) le clou kloo

nail varnish le vernis à ongles vairnee

name le nom nON

  my name's John je m'appelle John juh ma-pel

  what's your name? comment tu t'appelles/vous appelez-vous? komON too ta-pel/voo zaplay-voo

  what is the name of this street? comment s'appelle cette rue? sa-pel

napkin la serviette sairv-yet

nappy la couche koosh

narrow (street) étroit aytrwa

nasty (person, taste) désagréable
dayzagray-abl

(weather, accident) mauvais
mo-vay

national national nass-yonal

nationality la nationalité
nass-yonaleetay

natural naturel natoo-rel

nausea la nausée no-zay

navy (blue) (bleu) marine
bluh mareen

near près pray

is it near the city centre?
est-ce que c'est près du centre?
eskuh say

do you go near the
harbour? est-ce que vous allez
vers le port? vair

where is the nearest…?
où est le/la… le/la plus proche?
ploo prosh

nearby tout près too pray

nearly presque presk

necessary nécessaire naysessair

neck le cou koo

necklace le collier kol-yay

necktie la cravate

need: I need… j'ai besoin de…
jay buhzwAN duh

do I need to pay? est-ce que
je dois payer? eskuh juh dwa

needle l'aiguille f aygwee

neither: neither (one) of them
ni l'un ni l'autre nee lAN nee lohtr

neither… nor… ni… ni…

nephew le neveu nuhvuh

net (in sport) le filet feelay

Netherlands les Pays-Bas
payee-ba

network map le plan du réseau
plON doo rayzo

never jamais jamay

have you ever been to
Monaco? êtes-vous déjà
allé à Monaco? et-voo dayja
alay

no, never, I've never been
there non, jamais, je n'y
suis jamais allé juh nee swee

new nouveau, f nouvelle
noovo, noovel

news (radio, TV etc) les
informations ANformass-yON

newsagent's le marchand de
journaux marshON duh joorno

newspaper le journal joor-nal

newspaper kiosk le kiosque à
journaux keeosk

New Year le Nouvel An noovel ON

Happy New Year!
bonne année! bon anay

New Year's Eve la Saint-
Sylvestre sAN seelvestr

New Zealand la Nouvelle-
Zélande noovel-zaylONd

**New Zealander: I'm a New
Zealander** je suis Néo-
Zélandais nayo-zaylONday

next prochain proshAN

the next on the left
la prochaine à gauche
proshen a gohsh

at the next stop

au prochain arrêt

next week la semaine prochaine

next to à côté de a kotay duh

nice (food) bon bON

(looks, view etc) joli jolee

(person) sympathique, gentil sANpateek, jONtee

niece la nièce nee-ess

night la nuit nwee

at night la nuit

good night bonne nuit bon

nightclub la boîte de nuit bwat duh nwee

nightdress la chemise de nuit shuhmeez

night porter le gardien de nuit gardee-AN

no non nON

I've no change je n'ai pas de monnaie juh nay pa duh

there's no... left il n'y a plus de... eel nya plOO

no way! pas question! pa kest-yON

oh no! (upset) ce n'est pas possible! suh nay pa posseebl

nobody personne pairson

there's nobody there il n'y a personne eel nya

noise le bruit brwee

noisy: it's too noisy c'est trop bruyant say tro brwee-yON

non-alcoholic sans alcool sON zalkol

none aucun o-kAN

nonsmoking compartment

le compartiment non-fumeurs kONparteemON nON-fOOmurr

noon midi meedee

no-one personne pairson

nor: nor do I moi non plus mwa nON plOO

normal normal nor-mal

north le nord nor

in the north dans le nord

north of Paris au nord de Paris o

northeast le nord-est nor-est

northern du nord dOO

northwest le nord-ouest nor-west

Northern Ireland l'Irlande du Nord feerlOND

Norway la Norvège norvej

Norwegian (adj) norvégien nor-vayj-yAN

nose le nez nay

nosebleed le saignement de nez sen-yuh-mON

not pas pa

no, I'm not hungry non, je n'ai pas faim juh nay pa

I don't want any, thank you je n'en veux pas, merci nON vuh

it's not necessary ce n'est pas nécessaire

I didn't know that je ne savais pas

not that one – this one pas celui-là – celui-ci suhlwee-la suhlwee-see

note (banknote) le billet (de banque) bee-yay (duh bONk)

notebook le cahier ky-yay

notepaper (for letters) le papier à lettres pap-yay a letr

nothing rien ree-AN

nothing for me, thanks pour moi rien, merci poor mwa

nothing else rien d'autre dohtr

novel le roman romON

November novembre no-vONbr

now maintenant mANtnON

number le numéro nOOmayro

I've got the wrong number j'ai fait un mauvais numéro jay fay AN

what is your phone number? quel est votre numéro de téléphone? kel ay votr

number plate la plaque d'immatriculation plak deematreekOOlass-yon

nurse (female) l'infirmière f ANfeerm-yair

(male) l'infirmier m ANfeerm-yay

nursery slope la piste pour débutants peest poor daybOOtON

nut (for bolt) l'écrou m aykroo

nuts (hazelnuts) les noisettes fpl nwazet

(walnuts) les noix fpl nwa

(peanuts) les cacahuètes fpl kakawet

O

o'clock: it's 10 o'clock il est dix heures urr

occupied (toilet) occupé okOOpay

October octobre oktobr

odd (strange) étrange aytrONj

of de duh

off (lights) éteint aytAN

it's just off the Champs Elysées c'est tout près des Champs Elysées too pray day

we're off tomorrow (leaving) nous partons demain noo partON

offensive (language, behaviour) choquant shokON

office le bureau bOOro

officer (said to policeman) monsieur l'agent muhss-yuh lajON

often souvent sOOvON

not often pas souvent pa

how often are the buses? à quel intervalle les bus passent-ils? kel ANtairval

oil l'huile f weel

ointment la pommade pomahd

OK d'accord dakor

are you OK? ça va? sa va

is that OK with you? est-ce que ça te/vous va? eskuh sa tuh/voo

is it OK to…? est-ce qu'on peut…? puh

that's OK thanks (it doesn't matter) merci, ça va mairsee

I'm OK (nothing for me, I've got enough) ça va comme ça

(I feel OK) ça va

is this train OK for…? ce train va bien à…? b-yAN

I said I'm sorry, OK? j'ai dit pardon, ça ne suffit pas? sa nuh sOOfee pa

old vieux, f vieille v-yuh, v-yay

how old are you? quel âge as-tu/avez-vous? kel ahj atoo/ avay-voo

I'm twenty-five j'ai vingt-cinq ans jay

and you? et toi/vous? twa

old-fashioned démodé daymoday

old town (old part of town) la vieille ville v-yay veel

in the old town dans la vieille ville

olive oil l'huile d'olive f weel doleev

olives les olives fpl oleev

black/green olives les olives noires/vertes

omelette l'omelette f

on sur soor

on the street/beach dans la rue/à la plage dON

is it on this road? est-ce que c'est sur cette route?

on the plane dans l'avion

on Saturday samedi

on television à la télévision

I haven't got it on me je ne l'ai pas sur moi juh nuh lay pa soor mwa

this one's on me (drink) c'est ma tournée say ma toornay

the light wasn't on la lumière n'était pas allumée alOOmay

what's on tonight? qu'est-ce qu'il y a ce soir? keskeel-ya suh swahr

once une fois OOn fwa

at once (immediately) tout de suite toot sweet

one un, une AN, OOn

the white one le blanc, la blanche

one-way ticket: a one-way ticket to... un aller simple pour... alay sANpl poor

onion l'oignon m on-yON

online (book, check) en ligne ON leeñ

only seulement surlmON

only one seulement un(e)

only just à peine pen

it's only 6 o'clock il n'est que six heures eel nay kuh

I've only just got here je viens d'arriver juh v-yAN dareevay

on/off switch l'interrupteur de marche/arrêt m ANtairOOpturr duh marsh/aray

open (adj) ouvert oovair

(verb) ouvrir oovreer

when do you open? à quelle heure est-ce que vous ouvrez? a kel urr eskuh voo zoovray

Travel tip In big cities, shops and other businesses stay open throughout the day, but in rural areas and throughout southern France, they tend to close for at least a couple of hours at lunchtime. Small food shops may not reopen until halfway through the afternoon, closing around 7.30 or 8pm, just before the evening meal.

I can't get it open je n'arrive pas à l'ouvrir *juh nareev pa*

in the open air en plein air *ON plAN nair*

opening times les heures d'ouverture *urr doovairtOOr*

open ticket le billet open *bee-yay*

opera l'opéra *m opayra*

operation l'opération *f opayrass-yON*

opposite: the opposite direction le sens inverse *anvairss*

opposite my hotel en face de mon hôtel *ON fass duh*

the bar opposite le bar d'en face

optician l'opticien *m opteess-yAN*

or ou *oo*

orange (fruit) l'orange *f orONj*

(colour) orange

orange juice le jus d'orange *jOO*

orchestra l'orchestre *m orkestr*

order: can we order now? est-ce que nous pouvons commander? *eskuh noo poovON komONday*

I've already ordered, thanks j'ai déjà commandé, merci *jay dayja komONday*

I didn't order this ce n'est pas ce que j'ai commandé *suh nay pa suh kuh*

out of order hors service *or sairveess*

ordinary ordinaire *ordeenair*

other autre *ohtr*

the other one l'autre

the other day (recently) l'autre jour

I'm waiting for the others j'attends les autres *lay zohtr*

do you have any others? est-ce que vous en avez d'autres? *eskuh voo zON avay dohtr*

otherwise sinon *seenON*

our notre, pl nos

ours le/la nôtre *nohtr*

out: he's out il est sorti *eel ay sortee*

three kilometres out of town à trois kilomètres de la ville

outdoors en plein air *ON plAN nair*

outside (preposition) à l'extérieur de *extayree-urr duh*

can we sit outside? est-ce que nous pouvons nous mettre dehors? *eskuh noo poovON noo metr duh-or*

oven le four *foor*

over: over here par ici *ee-see*

over there là-bas *laba*

over 500 plus de cinq cents *plOO duh*

it's over (finished) c'est fini *say feenee*

overcharge: you've overcharged me il y a une erreur dans la note *eelya OOn air-rurr dON la not*

overcoat le pardessus *parduhsOO*

overnight (travel) de nuit *duh nwee*

overtake doubler *dooblay*

owe: how much do I owe

you? qu'est-ce que je vous dois? keskuh juh voo dwa

own: my own... mon propre... propr

    are you on your own? êtes-vous seul? et-voo surl

    I'm on my own je suis seul

owner le/la propriétaire propree-aytair

P

pack: a pack of... un paquet de... pakay duh

    (*verb*) faire ses bagages fair say bagahj

package (at post office) le colis kolee

package holiday les vacances organisées vakONss organeezay

packed lunch le casse-croûte kass-kroot

packet: a packet of cigarettes un paquet de cigarettes pakay

padlock le cadenas kadna

page (of book) la page pahj

    could you page Mr...? pouvez-vous faire appeler M....? poovay-voo fair aplay

pain la douleur dooloorr

    I have a pain here j'ai mal ici jay mal ee-see

painful douloureux dooloorruh

painkillers les analgésiques *mpl* an-aljayzeek

paint la peinture pANtOOr

painting (picture) le tableau tablo

pair: a pair of... une paire de... pair duh

Pakistani pakistanais -ay

palace le palais palay

pale pâle pahl

pale blue bleu clair

pan la poêle pwal

panties le slip sleep

pants (underwear) le slip

  (US) le pantalon pONtalON

pantyhose le collant kollON

paper le papier pap-yay

  (newspaper) le journal joor-nal

  a piece of paper un bout de papier boo

paper handkerchiefs les Kleenex *mpl*

parcel le colis kolee

pardon? (didn't understand) pardon? par-dON

parents: my parents mes parents parON

parents-in-law les beaux-parents bo-

park le parc

  (*verb*) se garer suh garay

  can I park here? est-ce que je peux me garer ici?

parking lot le parking parkeeng

part une partie partee

partner (boyfriend, girlfriend) le/la partenaire partuhnair

party (group) le groupe

  (celebration) la fête fet

pass (in mountains) le col

passenger le passager, la passagère passahjay, -jair

passport le passeport pass-por

password le mot de passe mo duh pass

past: in the past autrefois ohtruh-fwa

just past the information office tout de suite après le centre d'information toot sweet apray

path le sentier sONt-yay

pattern le motif moteef

pavement le trottoir trotwahr

  on the pavement sur le trottoir

pavement café le café en terrasse ON tairass

pay (*verb*) payer pay-ay

  can I pay, please? l'addition, s'il vous plaît ladeess-yON

  it's already paid for ça a déjà été réglé sa a day-ja aytay rayglay

---

DIALOGUE

who's paying? qui est-ce qui paie? kee eskee pay

I'll pay c'est moi qui paie say mwa

no, you paid last time, I'll pay non, tu as payé la dernière fois, cette fois c'est mon tour tOO a pay-ay la dairn-yair fwa set fwa say mON toor

---

pay phone la cabine téléphonique kabeen taylayfoneek

peaceful paisible pezzeebl

peach la pêche pesh

peanuts les cacahuètes *fpl* kaka-wet

pear la poire pwahr

peas les petits pois *mpl* puhtee pwa

peculiar (taste, custom) bizarre

pedestrian crossing le passage pour piétons passahj poor p-yaytON

pedestrian precinct la zone piétonne zohn p-yayton

peg (for washing) la pince à linge pANss a lANj

(for tent) le piquet peekay

pen le stylo steelo

pencil le crayon kray-ON

penfriend le correspondant -dON, la correspondante -dONt

penicillin la pénicilline payneesseeleen

penknife le canif kaneef

pensioner le retraité, la retraitée ruhtraytay

people les gens jON

the other people les autres lay zohtr

too many people trop de monde tro duh mONd

pepper (spice) le poivre pwahvr

(vegetable) le poivron pwahvrON

peppermint (sweet) le bonbon à la menthe bONbON ala mONt

per: per night par nuit

how much per day? quel est le prix par jour? kel ay

per cent pour cent poor sON

perfect parfait parfay

perfume le parfum parfAN

perhaps peut-être puht-etr

perhaps not peut-être que non kuh nON

period (of time) la période payree-od

(menstruation) les règles regl

perm la permanente pairmanONt

permit l'autorisation f otoreezass-yON

person la personne pairson

petrol l'essence f essONss

petrol can le bidon d'essence beedON dessONss

petrol station la station-service stass-yON-sairveess

pharmacy la pharmacie farmasee

phone le téléphone taylay-

(verb) téléphoner

could you phone the police? pourriez-vous téléphoner à la police? pooree-ay-voo

phone book l'annuaire du téléphone m anŒair dŒ taylayfon

phone box la cabine téléphonique kabeen taylayfoneek

phonecard la carte téléphonique kart taylayfoneek

phone charger le chargeur de portable sharjurr duh portahbl

phone number le numéro de téléphone nŒmayro

photo la photographie foto-grafee

excuse me, could you take a photo of us? pourriez-vous nous prendre en photo? pooree-ay-voo noo prONdr ON

phrasebook le manuel de conversation manŒel duh kONvairsass-yON

piano le piano

pickpocket le/la pickpocket

pick up: will you be there to pick me up? est-ce que vous viendrez me chercher? eskuh voo vee-ANDray muh shairshay

picnic le pique-nique peek-neek

picture l'image *f* eemahj

pie (meat) le pâté en croûte patay ON kroot

(fruit) la tarte

piece le morceau morso

a piece of... un morceau de...

pig le cochon koshON

pill la pilule peelOOl

I'm on the pill je prends la pilule juh prON

pillow l'oreiller *m* oray-yay

pillow case la taie d'oreiller tay

pin l'épingle *f* aypANGl

pineapple l'ananas *m* anana

pineapple juice le jus d'ananas jOO

pink rose roz

pipe (for smoking) la pipe peep

(for water) le tuyau twee-o

pity: it's a pity c'est dommage say domahj

pizza la pizza

place l'endroit *m* ONdrwa

is this place taken? est-ce que cette place est prise? eskuh set plass ay preez

at your place chez toi/vous shay twa/voo

at his place chez lui lwee

plain (not patterned) uni OOnee

plane l'avion *m* av-yON

by plane en avion

plant la plante plONt

plaster cast le plâtre plahtr

plasters les pansements *mpl* pONsmON

plastic le plastique plass-teek

(credit cards) les cartes de crédit kart duh kray-dee

plastic bag le sac en plastique ON plass-teek

plate l'assiette *f* ass-yet

platform le quai kay

which platform is it for Paris? c'est quelle voie pour Paris? say kel vwa

play (verb) jouer joo-ay

(in theatre) la pièce de théâtre p-yess duh tay-atr

playground (for children) le terrain de jeux terrAN duh juh

pleasant agréable agray-abl

please s'il vous plaît seel voo play

(if using 'tu' form) s'il te plaît seel tuh

yes please oui, merci wee mairsee

could you please...? pourriez-vous..., s'il vous plaît? pooree-ay-voo

please don't wait for me ce n'est pas la peine de m'attendre suh nay pa la pen

pleased to meet you enchanté ONshONtay

pleasure le plaisir plezzeer

my pleasure tout le plaisir est pour moi too luh... ay poor mwa

plenty: plenty of... beaucoup

de… bo-koo duh

we've plenty of time
nous avons largement le temps
noo zavON larj-mON luh tON

that's plenty, thanks
merci, ça suffit sa soofee

pliers la pince pANss

plug (electrical) la prise preez

(for car) la bougie boojee

(in sink) le bouchon booshON

plumber le plombier plONb-yay

pm de l'après-midi
duh lapray-meedee

(in the evening) du soir dOO swahr

poached egg l'œuf poché m
urf poshay

pocket la poche posh

point: two point five deux
virgule cinq… veergOOl…

there's no point ça ne sert à
rien sa nuh sair a ree-AN

points (in car) les vis platinées
veess plateenay

poisonous toxique

police la police

call the police! appelez la
police! aplay

policeman l'agent de police
m ajON

police station le commissariat
komeessaree-a

policewoman la femme agent
fam ajON

polish le cirage seerahj

polite poli polee

polluted pollué polOO-ay

pony le poney ponay

pool (for swimming) la piscine
peesseen

poor (not rich) pauvre pohvr

(quality) médiocre maydeeokr

pop music la musique pop
mOOzeek

pop singer le chanteur/la
chanteuse de musique pop
shONturr/shONturz duh

population la population
popOOlass-yON

pork le porc por

port (for boats) le port por

(drink) le porto

porter (in hotel) le portier port-yay

portrait le portrait portray

Portugal le Portugal

Portuguese (adj) portugais
portOOgay

posh (restaurant, people) chic sheek

possible possible posseebl

is it possible to…? est-ce
qu'on peut…? eskON puh

as… as possible aussi… que
possible o-see

post (mail) le courrier kooree-ay

(verb) poster posstay

could you post this for me?
pourriez-vous me poster cette
lettre? pooree-ay-voo muh posstay
set letr

postbox la boîte aux lettres
bwat o letr

postcard la carte postale
kart poss-tal

poster l'affiche f afeesh

post office la poste posst

poste restante la poste restante

potato la pomme de terre
pom duh tair

potato chips les chips *fpl* cheeps

pots and pans les casseroles
kassuhrohl

pottery (objects) la poterie potree

pound (money) la livre (sterling)
leevr (stairleeng)
(weight) la livre

power cut la coupure de courant
koopOOr duh koorON

power point la prise (de
courant) preez

**practise: I want to practise
my French** je veux m'exercer à
parler français juh vuh mexairsay
a parlay

prawns les crevettes *fpl* kruhvet

prefer: I prefer... je préfère...
juh prayfair

pregnant enceinte ONSANt

prescription (for chemist)
l'ordonnance *f* ordonONss

present (gift) le cadeau kado

president le président
prayzeedON

pretty joli jolee

it's pretty expensive c'est
plutôt cher say plOOto shair

price le prix pree

priest le prêtre pretr

prime minister le Premier
ministre pruhm-yay meeneestr

printed matter l'imprimé *m*
ANpreemay

priority (in driving) la priorité
preeoreetay

prison la prison preezON

private privé preevay

private bathroom la salle de
bain particulière sal duh bAN
parteekOOl-yair

probably probablement
prob-abluhmON

problem le problème prob-lem

no problem! pas de problème!
pa duh

program(me) le programme
prog-ram

promise: I promise
je te/vous le promets
juh tuh/voo luh promay

**pronounce: how is this
pronounced?** comment est-
ce que ça se prononce? komON
teskuh sa suh pronONss

properly (repaired, locked etc)
bien b-yAN

protection factor l'indice
de protection *m* ANdeess duh
protex-yON

Protestant protestant -tON

public holiday le jour férié
joor fayree-ay

public toilets les toilettes
publiques twalet pOObleek

pudding (dessert) le dessert desair

pull tirer teeray

pullover le pull pOOl

puncture la crevaison
kruhvezzON

purple violet veeolay

purse (for money) le porte-
monnaie port-monay
(US) le sac à main mAN

push pousser poossay

pushchair la poussette poosset

put mettre metr

> **where can I put…?**
> où est-ce que je peux mettre…?
> weskuh juh puh

> **could you put us up for the night?** pourriez-vous nous héberger pour la nuit? pooree-ay-voo noo zaybairjay poor la nwee

pyjamas le pyjama peejama

Pyrenees les Pyrénées peeraynay

Q

quality la qualité kaleetay

quarantine la quarantaine karONten

quarter le quart kar

quayside: on the quayside sur les quais soor lay kay

question la question kest-yON

queue la queue kuh

quick rapide rapeed

> **that was quick** tu as/vous avez fait vite too a/voo zavay fay veet

> **what's the quickest way there?** quel est le chemin le plus court? kel ay luh shuhmAN luh ploo koor

> **fancy a quick drink?** tu as/vous avez le temps de prendre un verre? too a/voo zavay luh tON duh proNdr AN vair

quickly vite veet

quiet (place, hotel) tranquille

tronkeel

> **quiet!** silence! seelONss

quite (fairly) assez assay

(very) très tray

> **that's quite right** c'est tout à fait juste say too ta fay joost

> **quite a lot** pas mal pa

R

rabbit le lapin lapAN

race (sport) la course koorss

racket (tennis, squash etc) la raquette raket

radiator (of car, in room) le radiateur rad-yaturr

radio la radio ra-deeo

> **on the radio** à la radio

rail: by rail en train ON trAN

railway le chemin de fer shuhmAN duh fair

> **Travel tip** With the most extensive rail network in Western Europe and fast, clean and reliable trains serving most of the country, France is a great place in which to travel by train. Fares are cheaper if you travel off-peak, which usually means avoiding Monday mornings and Friday and Sunday evenings.

rain la pluie plwee

> **in the rain** sous la pluie soo
> **it's raining** il pleut eel pluh

raincoat l'imperméable *m*
ANpairmay-abl

rape le viol veeol

rare (steak) saignant sen-yON

rash (on skin) l'éruption *f*
ayrOOps-yON

raspberry la framboise
frONbwahz

rat le rat ra

rate (for changing money) le taux
toh

rather: it's rather good
c'est assez bon say tassay bON

I'd rather... je préfère...
juh prayfair

razor le rasoir razwahr

razor blades les lames de rasoir
fpl lahm duh razwahr

read lire leer

ready prêt pray

are you ready? est-ce que tu
es/vous êtes prêt? eskuh tOO ay/
vOO zet

I'm not ready yet je ne suis
pas encore prêt juh nuh swee pa
zONkor

DIALOGUE

when will it be ready?
quand est-ce que ce sera
prêt? kONteskuh suh suhra

**it should be ready in a
couple of days** ça devrait
être prêt dans un ou deux
jours sa duhvray

real véritable vayreet-abl

really vraiment vraymON

that's really great

c'est vraiment formidable

really? (doubt) vraiment?
(polite interest) ah bon?

rearview mirror le rétroviseur
raytroveezurr

reasonable raisonnable
rezzON-abl

receipt le reçu ruhsOO

recently récemment ray-samON

reception (for guests, in hotel)
la réception ray-seps-yON

at reception à la réception

reception desk le bureau de
réception

receptionist le/la réceptionniste
rayseps-yoneest

recognize reconnaître ruhkonetr

**recommend: could you
recommend...?** pourriez-
vous me recommander...?
pooree-ay-voo muh ruhkomONday

record (music) le disque deesk

red rouge rooj

red wine le vin rouge vAN

refund le remboursement
rONboorss-mON

can I have a refund?
est-ce que je serai remboursé?
eskuh juh suhray rONboorsay

region la région rayjeeON

**registered: by registered
mail** en recommandé
ON ruhkomONday

registration number le numéro
d'immatriculation nOOmayro
deematreekOOlass-yON

relative le parent parON

religion la religion ruhleejeeON

remember: I don't remember je ne me souviens pas juh nuh muh soov-yAN pa

  I remember je m'en souviens juh mON

  do you remember? tu te souviens?/vous souvenez-vous? too tuh…/voo soovnay-voo

rent (for apartment etc) le loyer lwy-ay

  (*verb*) louer loo-ay

  for rent à louer

rented car la voiture de location vwatoor duh lokass-yON

repair (*verb*) réparer rayparay

  can you repair it? est-ce que vous pouvez réparer ça? eskuh voo poovay

repeat répéter raypaytay

  could you repeat that? pourriez-vous répéter? pooree-ay-voo

reservation la réservation rayzairvass-yON

  I'd like to make a reservation je voudrais faire une réservation juh voodray fair

DIALOGUE

I have a reservation j'ai réservé jay rayzairvay

yes sir, what name please? certainement monsieur, à quel nom s'il vous plaît? sairten-mON muh-syuh a kel nON

reserve réserver rayzairvay

DIALOGUE

can I reserve a table for tonight? j'aimerais réserver une table pour ce soir jemray

yes madam, for how many people? certainement madame, pour combien de personnes? sairten-mON… poor kONb-yAN duh pairson

for two pour deux

and for what time? et pour quelle heure? kel urr

for eight o'clock pour huit heures

and could I have your name please? pourrais-je avoir votre nom s'il vous plaît? poorayj avwahr

see **alphabet**

rest: I need a rest j'ai besoin de repos jay buh-zwAN duh ruhpo

  the rest of the group le reste du groupe rest

restaurant le restaurant restorON

DIALOGUE

what's the dish of the day? quel est le plat du jour? kel ay luh pla doo joor?

I'll take the 30 euro menu je vais prendre le menu à trente euros juh vay prONdr

rest room les toilettes twalet

retired: I'm retired je suis retraité(e) ruhtretay

return (ticket) l'aller-retour *m* alay-ruhtoor

reverse charge call le PCV pay-say-vay

reverse gear la marche arrière marsh aree-air

revolting dégoûtant daygootoN

rib la côte koht

rice le riz ree

rich (person) riche reesh

(food) lourd loor

ridiculous ridicule reedeekool

right (correct) juste joost

(not left) droit drwa

you were right vous aviez raison voo zaveeay rezzoN

that's right c'est juste say joost

this can't be right ce n'est pas possible suh nay pa posseebl

right! d'accord! dakor

is this the right road for...? est-ce bien la route de...? ess b-yAN la root

on the right à droite drwat

turn right tournez à droite toornay

right-hand drive la conduite à droite koNdweet a drwat

ring (on finger) la bague bag

I'll ring you je vous appellerai juh vooz apelray

ring back rappeler

ripe (fruit) mûr moor

rip-off: it's a rip-off c'est de l'arnaque say duh larnak

rip-off prices les prix exorbitants pree exorbeetoN

risky risqué reeskay

river la rivière reev-yair

road la route root

is this the road for...? est-ce la bonne route pour aller à...? ess la bon root poor alay

it's just down the road c'est tout près d'ici say too pray dee-see

road accident l'accident de la circulation *m* axeedon duh la seerkoolass-yoN

road map la carte routière kart root-yair

roadsign le panneau de signalisation pano duh seen-yaleezass-yoN

rob: I've been robbed j'ai été dévalisé jay aytay dayvaleezay

rock le rocher roshay

(music) la musique rock moozeek

on the rocks (with ice) avec des glaçons avek day glassoN

roll (bread) le petit pain puhtee pAN

roof le toit twa

roof rack la galerie galree

room la chambre shoNbr

in my room dans ma chambre doN

do you have any rooms? est-ce que vous avez des chambres? eskuh voo zavay day

for how many people? pour combien de personnes? poor koNb-yAN duh pairson

for one/for two pour une personne/deux personnes

yes, we have rooms free oui, nous avons des chambres libres leebr

for how many nights will it be? ce serait pour combien de nuits? suh suhray – duh nwee

just for one night pour une nuit seulement surlmON

how much is it? combien est-ce? ess

100 euros with bathroom and 80 euros without bathroom cent euros avec salle de bain et quatre-vingts euros sans salle de bain sal duh BAN

can I see a room with bathroom? est-ce que je pourrais voir une chambre avec salle de bain? eskuh juh pooray vwahr

OK, I'll take it d'accord, je la prends dakor juh la prON

room service le service en chambre sairveess ON shONbr

rope la corde kord

rosé (wine) le rosé rozzay

roughly (approximately) environ ONveerON

round: it's my round c'est ma tournée say ma toornay

roundabout (for traffic) le rond-point rON-pwAN

round trip ticket l'aller-retour m alay-ruhtoor

route l'itinéraire m eeteenay-rair

what's the best route? quel itinéraire nous conseillez-vous? noo kONsay-ay-voo

rubber (material) le caoutchouc ka-oochoo

(eraser) la gomme gom

rubber band l'élastique m aylasteek

rubbish (waste) les ordures ordOOr

(poor-quality goods) la camelote kamlot

rubbish! (nonsense) n'importe quoi! nANport kwa

rucksack le sac à dos do

rude grossier gross-yay

ruins les ruines fpl rOOeen

rum le rhum rum

rum and coke un rhum coca

run (person) courir kooreer

how often do the buses run? à quels intervalles les bus passent-ils? kel zANtairval lay bOOss pasteel

I've run out of money je n'ai plus d'argent juh nay plOO darjON

rush hour les heures de pointe urr duh pwANt

S

sad triste treest

saddle (for bike, horse) la selle sel

safe (not in danger) en sécurité ON saykOOreetay

(not dangerous) sûr sOOr

safety pin l'épingle de sûreté f aypANgl duh sOOrtay

sail la voile vwal

sailboard la planche à voile
plONsh a vwal

sailboarding la planche à voile

salad la salade sa-lad

salad dressing la vinaigrette

sale: for sale à vendre vONdr

salmon le saumon so-mON

salt le sel

same: the same le/la même mem

  the same as he has
  le/la même que lui

  the same again, please
  la même chose, s'il vous plaît
  shohz seel voo play

  it's all the same to me
  ça m'est égal sa met aygal

sand le sable sabl

sandals les sandales fpl sON-dal

sandwich le sandwich
sONd-weetch

sanitary napkin la serviette
hygiénique eejee-ayneek

sanitary towel la serviette
hygiénique

sardines les sardines fpl

Saturday samedi samdee

sauce la sauce sohss

saucepan la casserole

saucer la soucoupe sookoop

sauna le sauna sona

sausage la saucisse soseess

**say: how do you say… in
French?** comment dit-on…
en français? komON deet-ON

  what did he say? qu'est-ce
  qu'il a dit? keskeel a dee

  he said… il a dit…

  I said… j'ai dit… jay

  could you say that again?
  pourriez-vous répéter?
  pooree-ay-voo raypaytay

scarf (for neck) l'écharpe f aysharp
(for head) le foulard foolar

scenery le paysage payee-zahj

schedule l'horaire m orair

scheduled flight le vol de ligne

vol duh leeñ

school l'école f aykol

scissors: a pair of scissors
une paire de ciseaux seezo

scotch le whisky

Scotch tape le scotch

Scotland l'Écosse f aykoss

Scottish écossais aykossay

I'm Scottish (*male/female*) je
suis écossais/écossaise aykossez

scrambled eggs les œufs
brouillés uh broo-yay

scratch l'éraflure f ayraflOOr

screw la vis veess

screwdriver le tournevis
toornuhveess

scrubbing brush la brosse bross

sea la mer mair

by the sea au bord de la mer
o bor

seafood les fruits de mer
frwee duh mair

seafood restaurant le
restaurant de fruits de mer

seafront le bord de la mer
bor duh la mair

on the seafront
au bord de la mer

seagull la mouette mwet

search chercher shairshay

seashell le coquillage kokee-yahj

seasick: I feel seasick j'ai le
mal de mer jay luh mal duh mair

I get seasick je suis sujet au
mal de mer juh swee sOOjay

seaside: by the seaside au
bord de la mer o bor duh la mair

seat le siège see-ej

is this anyone's seat?
est-ce que cette place est prise?
eskuh set plass ay preez

seat belt la ceinture de sécurité
sANtOOr duh saykOOreetay

sea urchin l'oursin m oorsAN

seaweed les algues alg

secluded isolé eezolay

second (*adj*) second suhgON

(of time) la seconde suhgONd

just a second! une seconde!

second class (travel) en seconde
ON suhgONd

second floor le deuxième duhz-
yem; **(US)** le premier pruhm-yay

second-hand d'occasion
dokaz-yON

see voir vwahr

can I see? est-ce que je peux
voir? eskuh juh puh

have you seen…? est-ce que
tu as/vous avez vu…? tOO a/voo
zavay vOO

I saw him this morning
je l'ai vu ce matin juh lay

see you! à bientôt! b-yANto

I see (I understand) je vois
juh vwa

self-catering apartment
l'appartement (de vacances) m
apartmON (duh vakonss)

self-service le self-service
-sairveess

sell vendre vONdr

do you sell…? est-ce que
vous vendez…? eskuh voo
vONday

Sellotape le scotch

send envoyer ONvwy-ay

  I want to send this to England j'aimerais envoyer ceci en Angleterre jemray puh profON

senior citizen la personne du troisième âge pairson dOO trwaz-yem ahj

separate séparé sayparay

separated: I'm separated je suis séparé juh swee sayparay

separately (pay, travel) séparément sayparay-mON

September septembre septONbr

septic infecté ANfektay

serious (person, situation, problem) sérieux sayree-uh

  (illness) grave grahv

service charge (in restaurant) le service sairveess

service station la station-service stass-yON-sairveess

serviette la serviette sair-

set menu le menu (à prix fixe) muhnOO (a pree feex)

several plusieurs plOOz-yurr

sew coudre koodr

  could you sew this back on? pouvez-vous recoudre ceci? poovay-voo ruhkoodr suhsee

sex le sexe

sexy sexy

shade: in the shade à l'ombre lONbr

shake: let's shake hands serrons-nous la main sairrON-noo la mAN

shallow (water) peu profond

shame: what a shame! quel dommage! kel domahj

shampoo le shampoing shONpwAN

shampoo and set le shampoing-mise en plis ON plee

share (room, table etc) partager partajay

sharp (knife) tranchant trONshON

  (taste, pain) piquant, âpre apr

shattered (very tired) épuisé aypweezay

shaver le rasoir razwahr

shaving foam la mousse à raser razay

shaving point la prise pour rasoirs preez poor razwahr

she elle el

sheet (for bed) le drap dra

shelf l'étagère faytajair

shellfish les crustacés krOOstassay

sherry le sherry

ship le bateau bato

  by ship en bateau

shirt la chemise shuhmeez

shit! merde! maird

shock le choc shok

  I got an electric shock from the... j'ai reçu une décharge en touchant... jay ruhsOO OOn daysharj ON tooshON

shock-absorber l'amortisseur *m* amorteessurr

shocking scandaleux skONdaluh

shoe la chaussure sho-sOOr

  a pair of shoes une paire de

chaussures

shoelaces les lacets *mpl* lassay

shoe polish le cirage seerahj

shoe repairer le cordonnier kordon-yay

shop le magasin magazAN

shopping: I'm going shopping je vais faire des courses juh vay fair day koorss

shopping centre le centre commercial sONtr komairs-yal

shop window la vitrine veetreen

shore (of sea, lake) le rivage reevahj

short (time, journey) court koor

(person) petit puhtee

shortcut le raccourci rakoorsee

shorts le short

should: what should I do? que dois-je faire? kuh dwaj fair

he shouldn't be long il devrait revenir bientôt eel duhvray

you should have told me vous auriez dû me le dire voo zoreeay dOO

shoulder l'épaule *f* aypol

shout crier kree-ay

show (in theatre) le spectacle spekt-akl

could you show me? pourrais-tu/pourriez-vous me montrer? pooray-tOO/pooree-ay-voo muh mONtray

shower (in bathroom) la douche doosh

with shower avec douche

shower gel le gel douche

shut fermer fairmay

when do you shut? à quelle heure fermez-vous? kel urr fairmay-voo

when do they shut? à quelle heure est-ce que ça ferme? eskuh sa fairm

they're shut c'est fermé say fairmay

I've shut myself out je me suis enfermé dehors juh muh swee zONfairmay duh-or

shut up! tais-toi/taisez-vous! tay-twa/tezzay-voo

shutter (on camera) l'obturateur *m* obtOOraturr

(on window) le volet volay

shy timide teemeed

sick (ill) malade malad

I'm going to be sick (vomit) j'ai envie de vomir jay ONvee duh vomeer

side le côté kotay

the other side of town l'autre côté de la ville

side lights les feux de position *mpl* fuh duh pozeess-yON

side salad la salade sa-lad

side street la petite rue puhteet rOO

sidewalk le trottoir trotwahr

see **pavement**

sight: the sights of... les endroits à voir à... lay zONdrwa a vwahr

sightseeing: we're going sightseeing nous allons visiter la ville noo zalON veezeetay

sightseeing tour l'excursion *f*
exkOOrs-yON

sign (roadsign etc) le panneau de
signalisation pano duh seen-
yaleezass-yON

signal: he didn't give a signal
(driver) il n'a pas mis son
clignotant eel na pa mee sON
kleen-yotON

(cyclist) il n'a pas fait signe qu'il
allait tourner fay seeñ keel alay
toornay

signature la signature
seen-yatOOr

signpost le poteau indicateur
poto ANdeekaturr

silence le silence seelONss

silk la soie swa

silly idiot eed-yo

silver l'argent *m* arjON

silver foil le papier d'argent
pap-yay

similar semblable sONbl-abl

simple simple sANpl

since: since yesterday
depuis hier duhp-wee

since I got here depuis que je
suis arrivé areevay

sing chanter shONtay

singer le chanteur, la chanteuse
shONturr, -urz

single: a single to... un aller
simple pour... alay sANpl

I'm single je suis célibataire
juh swee sayleebatair

single bed le lit d'une personne
lee dOOn pairson

single room la chambre pour
une personne shONbr poor OOn
pairson

sink (in kitchen) l'évier *m* ayv-yay

sister la sœur surr

sister-in-law la belle-sœur
bel-surr

sit: can I sit here? est-ce que je
peux m'asseoir ici? eskuh juh puh
masswahr ee-see

sit down s'asseoir

sit down assieds-toi/asseyez-
vous ass-yay-twa/asay-ay-voo

is anyone sitting here?
est-ce que cette place est prise?
eskuh set plass ay preez

size la taille tī

ski le ski

(*verb*) skier skee-ay

a pair of skis une paire
de skis

ski boots les chaussures de ski
fpl sho-sOOr

skiing le ski

we're going skiing nous
allons faire du ski noo zalON fair

ski instructor le moniteur
(de ski) moneeturr

ski-lift le remonte-pente ruhmONt-
pONt

skin la peau po

skin-diving la plongée sous-
marine plONjay soo-mareen

skinny maigre megr

ski-pants le fuseau fOOzo

ski-pass le forfait de ski forfay

ski pole le bâton de ski bahtON

skirt la jupe jOOp

ski run la piste de ski

ski slope la pente de ski pONt

ski wax le fart far

sky le ciel s-yel

sleep dormir dormeer

did you sleep well?
tu as/vous avez bien dormi?
tOO a/voo zavay b-yAN dormee

I need a good sleep j'ai
besoin d'une bonne nuit de
sommeil jay buh-zwAN dOOn bon
nwee duh somay

sleeper (rail) le wagon-lit
vagON-lee

sleeping bag le sac de couchage
kooshahj

sleeping car le wagon-lit
vagON-lee

sleeping pill le somnifère
somneefair

sleepy: I'm feeling sleepy
j'ai sommeil jay somay

sleeve la manche mONsh

slide (photographic) la diapositive
dee-apozeeteev

slip (under dress) la combinaison
kONbeenezzON

slippery glissant gleessON

slow lent lON

slow down! (driving, speaking)
moins vite! mwAN veet

slowly lentement lONtmON

could you say it slowly?
pourriez-vous parler plus
lentement? pooree-ay-voo
parlay plOO

very slowly très lentement

small petit puhtee

smell: it smells ça sent mauvais
sON mo-vay

smile sourire sooreer

smoke la fumée fOOmay

do you mind if I smoke?
est-ce que ça vous dérange si je
fume? eskuh sa voo dayrONj see
juh fOOm

I don't smoke je ne fume pas

do you smoke? tu fumes/
vous fumez? tOO fOOm/voo fOOmay

snack: I'd just like a snack
j'aimerais manger un petit
quelque chose jemray mONjay AN
puhtee kelkuh shohz

sneeze l'éternuement m
aytairnOOmON

snorkel le tuba

snow la neige nej

so: it's so good c'est tellement
bien telmON

not so fast pas si vite!

so am I moi aussi mwa o-see

so do I moi aussi

so-so comme ci, comme ça
kom see, kom sa

soaking solution (for contact
lenses) la solution de trempage
solOOss-yON duh trONpahj

soap le savon savON

soap powder la lessive lesseev

sober sobre sobr

sock la chaussette sho-set

socket (electrical) la prise de
courant preez duh koorON

soda (water) le soda

sofa le canapé, le divan deevON

soft doux, *f* douce doo, dooss

soft-boiled egg l'œuf à la coque *m* urf a la kok

soft drink la boisson non-alcoolisée bwassON nON-alkoleezay

soft lenses les lentilles souples *fpl* lONtee soopl

sole (of shoe, of foot) la semelle suhmel

could you put new soles on these? pourriez-vous ressemeler ces chaussures? pooree-ay-voo ruh-suhmuhlay say sho-sOOr

some: can I have some water/peanuts? j'aimerais de l'eau/des cacahuètes, s'il vous plaît jemray duh lo/day

can I have some? est-ce que je peux en avoir? eskuh juh puh ON avwahr

somebody, someone quelqu'un kel-kAN

something quelque chose kelkuh shohz

something to drink quelque chose à boire

sometimes parfois parfwa

somewhere quelque part kelkuh par

son le fils feess

song la chanson shONsON

son-in-law le beau-fils bo-feess

soon bientôt b-yANto

I'll be back soon je reviens bientôt

as soon as possible dès que possible day kuh

sore: it's sore ça fait mal sa fay mal

sore throat le mal de gorge

sorry: (I'm) sorry je suis désolé, excusez-moi juh swee dayzolay, exkOOzay-mwa

sorry? (didn't understand) pardon? par-dON

sort: what sort of…? quel genre de…? kel jONr duh

soup le potage potahj

sour (taste) acide aseed

south le sud sOOd

in the south dans le sud

South Africa l'Afrique du Sud *f* afreek dOO sOOd

South African (*adj*) sud-africain sOOd afreekAN

I'm South African (*male/female*) je suis sud-africain/sud-africaine -ken

southeast le sud-est sOOd-est

South of France le Midi

southwest le sud-ouest sOOd-west

souvenir le souvenir

Spain l'Espagne *f* españ

Spanish espagnol espan-yol

spanner la clé anglaise klay ONglez

spare part la pièce de rechange p-yess duh ruhshONj

spare tyre le pneu de rechange p-nuh duh ruhshONj

spark plug la bougie boojee

speak: do you speak English? parlez-vous l'anglais? parlay-voo

I don't speak… je ne parle pas… juh nuh parl pa

DIALOGUE

can I speak to Marc? j'aimerais parler à Marc jemray parlay

who's calling? c'est de la part de qui? say duh la par duh kee

it's Patricia c'est Patricia

I'm sorry, he's not in, can I take a message? désolé, il n'est pas là, est-ce que je peux prendre un message prONdr AN messahj

no thanks, I'll call back later non merci, je rappellerai plus tard mairsee juh rapeluhray plOO tar

please tell him I called dites-lui que j'ai appelé, s'il vous plaît deet-lwee kuh jay apelay seel voo play

spearmint la menthe verte mONt vairt

speciality la spécialité spayss-yaleetay

spectacles les lunettes lOOnet

speed la vitesse veetess

speed limit la limite de vitesse leemeet

speedometer le compteur kONturr

spell: how do you spell it? comment est-ce que ça s'écrit? komON teskuh sa saykree

see **alphabet**

spend dépenser daypONsay

spider l'araignée f aren-yay

spin-dryer l'essoreuse f esorurz

splinter l'écharde f ayshard

spoke (in wheel) le rayon ray-ON

spoon la cuillère kwee-yair

sport le sport spor

sprain: I've sprained my… je me suis foulé… juh muh swee foolay

spring (season) le printemps prANtON

(of car, seat) le ressort ruhsor

square (in town) la place plass

stairs l'escalier m eskal-yay

stale (taste) pas frais, f pas fraîche pa fray, pa fresh

(bread) rassis rassee

stall: the engine keeps stalling le moteur cale sans arrêt moturr kal sON zaray

stamp le timbre tANbr

DIALOGUE

a stamp for England, please un timbre pour l'Angleterre, s'il vous plaît

what are you sending? qu'est-ce que vous envoyez? keskuh voo zONvwy-yay

it's for this postcard c'est pour cette carte postale

standby le vol en stand-by ON

star l'étoile f aytwal

(in film) la star

start le début daybOO

(verb) commencer komONssay

when does it start? quand

The Rough Guide French Phrasebook > **ENGLISH→FRENCH** 127

est-ce que ça commence? kONteskuh sa komONss

the car won't start la voiture refuse de démarrer ruhf00z duh daymaray

starter (of car) le démarreur daymarurr

(food) l'entrée f ONtray

state (in country) l'état m ayta

the States (USA) les États-Unis ayta-z00nee

station la gare gar

statue la statue

stay: where are you staying? où logez-vous? oo lojay-voo

I'm staying at... je loge au... juh loj o

I'd like to stay another two nights j'aimerais rester deux nuits de plus jemray restay

steak le steak

steal voler volay

my bag has been stolen on m'a volé mon sac ON ma volay

steep (hill) raide red

steering la direction deereks-yON

step: on the steps sur les marches s00r lay marsh

stereo stéréo stayray-o

sterling la livre sterling leevr stairleeng

steward (on plane) le steward

stewardess l'hôtesse de l'air f otess

sticking plaster le sparadrap -dra

still: I'm still waiting j'attends toujours toojoor

is he still there? est-ce qu'il est toujours là? eskeel ay

keep still! ne bouge/bougez pas! nuh booj/boojay pa

sting: I've been stung j'ai été piqué (par un insecte) jay aytay peekay (par AN ANsekt)

stockings les bas mpl ba

stomach le ventre, l'estomac m vONtr, estoma

stomach ache les maux d'estomac mo destoma

stone (rock) la pierre p-yair

stop s'arrêter sa-retay

to stop the car arrêter la voiture

please, stop here (to taxi driver etc) arrêtez-moi ici, s'il vous plaît aretay-mwa ee-see

do you stop near...? est-ce que vous vous arrêtez près de...? eskuh voo voo zaretay

stop doing that! arrêtez!

stopover la halte alt

storm la tempête tON-pet

straight: it's straight ahead c'est tout droit say too drwa

a straight whisky un whisky sec

straightaway tout de suite toot sweet

strange (odd) bizarre, étrange aytrONj

stranger l'étranger m, l'étrangère f aytrONjay, -jair

I'm a stranger here je ne suis pas d'ici juh nuh swee pa dee-see

strap (on watch) le bracelet braslay
(on dress) la bretelle bruhtel
(on suitcase) la sangle sONgl

strawberry la fraise frez

stream le ruisseau rwee-so

street la rue r∞

on the street dans la rue

streetmap le plan de ville
plON duh veel

string la ficelle feessel

strong fort for

stuck coincé kwANsay

the key's stuck le clé est
coincée

student (male/female) l'étudiant m,
l'étudiante f ayt∞d-yON, -yONt

stupid stupide st∞peed

suburb le faubourg fo-boor

subway (US) le métro maytro

suddenly tout d'un coup
too dAN k∞

suede le daim dAN

sugar le sucre s∞kr

suit le costume

it doesn't suit me (colour etc)
ça ne me va pas sa nuh muh va pa

it suits you (colour etc) ça vous
va bien b-yAN

suitcase la valise valeez

summer l'été m aytay

in the summer en été

sun le soleil solay

in the sun au soleil o

out of the sun à l'ombre lONbr

sunbathe prendre un bain de
soleil prONdr AN bAN duh solay

sunblock (cream) l'écran total m
aykrON toh-tal

sunburn le coup de soleil
k∞ duh solay

sunburnt: I'm sunburnt
j'ai pris un coup de soleil
pree AN

Sunday dimanche deemONsh

sunglasses les lunettes de soleil
l∞net duh solay

sun lounger la chaise longue
shez lON-g

sunny ensoleillé ONsolay-yay

it's sunny il fait soleil eel fay
solay

sun roof (in car) le toit ouvrant
twa ∞vrON

sunset le coucher de soleil
k∞shay duh solay

sunshade le parasol

sunshine le soleil solay

sunstroke l'insolation f
ANsolass-yON

suntan le bronzage broNzahj

suntan lotion le lait solaire
lay solair

suntanned bronzé broNzay

suntan oil l'huile solaire f
weel solair

super super sOOpair

we had a super time c'était
super saytay

supermarket le supermarché
sOOpairmarshay

supper le dîner deenay

supplement (extra charge)
le supplément sOOplaymON

sure: are you sure? vous êtes
sûr? voo zet sOOr

sure! d'accord! dakor

surname le nom de famille
nON duh famee

swearword le juron jOOrON

sweater le pullover

sweatshirt le sweatshirt

Sweden la Suède swed

Swedish (adj) suédois swaydwa

sweet (taste) sucré sOOkray

(dessert) le dessert desair

sweets les bonbons mpl bONbON

swelling l'enflure f ONflOOr

swim nager nahjay

I'm going for a swim je vais
me baigner juh vay muh ben-yay

let's go for a swim
allons nous baigner

swimming costume le maillot
de bain my-o duh bAN

swimming pool la piscine
peesseen

swimming trunks le slip de bain
sleep duh bAN

Swiss (adj) suisse sweess

(man) le Suisse

(woman) la Suissesse sweessess

switch l'interrupteur m
ANtairOOpturr

switch off (TV, lights) éteindre
aytANdr

(engine) arrêter aretay

switch on (TV, lights) allumer
alOOmay

(engine) mettre en marche
metr ON marsh

Switzerland la Suisse sweess

swollen enflé ONflay

T

table la table tahbl

a table for two une table
pour deux

tablecloth la nappe nap

table tennis le ping-pong

table wine le vin ordinaire
vAN ordeenair

tailback (of traffic) le bouchon
booshON

tailor le tailleur tī-urr

take (lead) prendre prONdr

(accept) accepter axeptay

**can you take me to
the airport?** est-ce que
vous pouvez m'emmener à
l'aéroport? eskuh voo poovay

mONmuhnay

do you take credit cards? acceptez-vous les cartes de crédit? axeptay-voo

fine, I'll take it d'accord, je le prends juh luh prON

can I take this? (leaflet etc) je peux le prendre? puh

how long does it take? combien de temps est-ce que ça prend? kONb-yAN duh tON eskuh sa prON

it takes three hours ça prend trois heures

is this seat taken? est-ce que cette place est occupée? eskuh set plass ay tokOOpay

hamburger to take away hamburger à emporter ONportay

can you take a little off here? (to hairdresser) pouvez-vous couper un peu par ici? koopay AN puh

talcum powder le talc

talk parler parlay

tall grand grON

tampons les tampons *mpl* tONpON

tan le bronzage brONzahj

to get a tan bronzer brONzay

tank (of car) le réservoir rayzairvwahr

tap le robinet robeenay

tape (cassette) la cassette
(sticky) le scotch

tape measure le mètre metr

tape recorder le magnétophone man-yaytofon

taste le goût goo

can I taste it? est-ce que je peux goûter? eskuh juh puh gootay

taxi le taxi

will you get me a taxi? pouvez-vous m'appeler un taxi? poovay-voo maplay

where can I find a taxi? où y a-t-il des taxis? oo yateel

to the airport/to Hotel... please à l'aéroport/à l'Hôtel…, s'il vous plaît

how much will it be? combien est-ce que ça me coûtera? kONb-yAN eskuh sa muh kootuhra

about 15 euros à peu près quinze euros puh pray

that's just fine right here thanks vous pouvez me déposer ici, merci muh daypozay

taxi-driver le chauffeur de taxi

taxi rank la station de taxi stass-yON

tea (drink) le thé tay

tea for one/two please un thé/deux thés, s'il vous plaît duh tay

teabags les sachets de thé *mpl* sashay duh tay

teach: could you teach me? est-ce que vous pouvez m'apprendre? eskuh voo poovay maprONdr

teacher (junior) l'instituteur *m*, l'institutrice *f* ANsteetOOturr,

-treess

(secondary) le professeur -urr

team l'équipe *f* aykeep

teaspoon la cuillère à café kwee-yair a kafay

tea towel le torchon à vaisselle torshON a vess-el

teenager l'adolescent *m*, l'adolescente *f* -sON, -sONt

telephone le téléphone taylay-

television la télévision taylayveez-yON

tell: could you tell him…? pourriez-vous lui dire…? pooree-ay-voo lwee deer

temperature (weather) la température tONpayratOOr

(fever) la fièvre fee-evr

tennis le tennis teneess

tennis ball la balle de tennis bal

tennis court le court de tennis koor

tennis racket la raquette de tennis raket

tent la tente tONt

term (at university, school) le trimestre treemestr

terminus (rail) le terminus tairmeenOOss

terrible épouvantable aypoovONt-abl

terrific fantastique fONtasteek

text (message) le texto

(*verb: person*) envoyer un texto à ONvwy-ay AN

than que kuh

smaller than plus petit que

thanks, thank you merci mairsee

thank you very much merci beaucoup bo-koo

thanks for the help merci de m'avoir aidé

no thanks non, merci

thanks merci
that's OK, don't mention it il n'y a pas de quoi eel n-ya pa duh kwa

that: that building ce bâtiment suh

that woman cette femme set

that one celui-là, *f* celle-là suhlwee-la, sel-la

I hope that… j'espère que… kuh

that's nice c'est joli say

is that…? est-ce que c'est…? eskuh say

that's it (that's right) c'est ça say sa

the (*singular*) le luh, *f* la

(*plural*) les lay

theatre le théâtre tay-atr

their leur lurr

theirs le/la leur luh/la lurr

them: I know them je les connais juh lay konay

for them pour eux, *f* pour elles uh, el

with them avec eux/elles

I gave it to them je le leur ai donné juh luh lurr ay donay

who? – them qui? – eux/elles

then (at that time) à cette époque set aypok

(after that) alors alor

there là

over there là-bas la-ba

up there là-haut la-o

is there...? y a-t-il...? yateel

are there...? y a-t-il...?

there is... il y a... eel ya

there are... il y a...

there you are (giving something) voilà vwala

thermometer le thermomètre tairmometr

Thermos flask le thermos tairmoss

these: these men ces hommes say

these women ces femmes

can I have these? j'aimerais ceux-ci/celles-ci, s'il vous plaît suh-see/sel-see

they ils, *f* elles eel, el

thick épais aypay

(stupid) bouché booshay

thief le voleur, *f* la voleuse volurr, -urz

thigh la cuisse kweess

thin mince mANss

thing la chose shohz

my things mes affaires may zafair

think penser pONsay

I think so je pense que oui juh pONss kuh wee

I don't think so je ne crois pas nuh krwa pa

I'll think about it je vais y réfléchir vay zee rayflesheer

third party insurance l'assurance au tiers *f* 0 t-yair

thirsty: I'm thirsty j'ai soif jay swaf

this: this building ce bâtiment suh

this woman cette femme set

this one celui-ci, *f* celle-ci suhlwee-see, sel-see

this is my wife je vous présente ma femme juh voo prayzONt ma fam

is this...? est-ce que c'est...? eskuh say

those: those men ces hommes say

those women ces femmes

which ones? – those lesquel(le)s? – ceux-là/celles-là suh-la/sel-la

thread le fil feel

throat la gorge gorj

throat pastilles les pastilles pour la gorge *fpl* pastee poor la gorj

through par

does it go through...? (train, bus) est-ce qu'il passe à...? eskeel pass

throw lancer lONsay

throw away jeter juhtay

thumb le pouce pooss

thunderstorm l'orage *m* orahj

Thursday jeudi juhdee

ticket (for bus, train, plane) le billet bee-yay

(for cinema, cloakroom) le ticket
teekay

a return ticket to Dijon
un aller-retour pour Dijon
alay-ruhtoor

coming back when? avec
retour à quelle date? ruhtoor

today/next Tuesday
aujourd'hui/mardi prochain

that will be 60 euros
soixante euros, s'il vous
plaît

ticket office (bus, rail) le guichet
geeshay

tide la marée maray

tie (necktie) la cravate kravat

tight (clothes etc) serré serray

it's too tight ça me serre
sa muh sair

tights le collant kollON

till (cash desk) la caisse kess

time le temps tON

what's the time? quelle heure
est-il? kel urr ayteel

this time cette fois set fwa

last time la dernière fois

next time la prochaine fois

four times quatre fois

timetable l'horaire m orair

tin (can) la boîte bwat

tinfoil le papier d'aluminium
pap-yay

tin opener l'ouvre-boîte m
oovr-bwat

tiny minuscule meenOOskOOl

tip (to waiter etc) le pourboire
poorbwahr

tired fatigué fateegay

I'm tired je suis fatigué

tissues les kleenex mpl

to: to Strasbourg/London
à Strasbourg/Londres

to Brittany/England en
Bretagne/Angleterre ON

to the post office à la poste

to the bar au bar O

toast (bread) le pain grillé
PAN gree-yay

today aujourd'hui ojoordwee

toe l'orteil m ortay

together ensemble ONSONbl

we're together (in shop etc)
nous sommes ensemble

can we pay together?
pouvons-nous payer ensemble?
poovON-noo payay

toilet les toilettes twalet

where is the toilet? où sont
les toilettes? OO SON lay

I have to go to the toilet
j'aimerais aller aux toilettes
jemray alay O

toilet paper le papier hygiénique
papyay eejee-ayneek

tomato la tomate tomat

tomato juice le jus de tomate jOO

tomato ketchup le ketchup

tomorrow demain duhmAN

tomorrow morning
demain matin

the day after tomorrow
après-demain apray

toner (cosmetic) la lotion tonique
lohss-yON toneek

tongue la langue lON-g

tonic (water) le schweppes

tonight ce soir suh swahr

tonsillitis l'angine f ONjeen

too (excessively) trop tro

(also) aussi o-see

too hot trop chaud

too much trop

me too moi aussi mwa

tooth la dent dON

toothache le mal de dents
mal duh dON

toothbrush la brosse à dents
bross

toothpaste le dentifrice
dONteefreess

top: on top of... sur... sOOr

at the top en haut ON o

top floor le dernier étage
dairn-yay aytahj

topless seins nus sAN nOO

torch la lampe de poche
lONp duh posh

total le total toh-tal

touch toucher tooshay

tour l'excursion f exkOOrs-yON

is there a tour of...?
y a-t-il une visite guidée de...?
yateel OOn veezeet geeday duh

tour guide le guide geed

tourist le/la touriste tooreest

tourist information office
le centre d'information
touristique sONtr dANformass-yON
tooreesteek

tour operator le voyagiste
vwy-ahjeest

towards vers vair

towel la serviette sairvee-et

town la ville veel

in town en ville ON

just out of town à la sortie de
la ville

town centre le centre-ville sONtr-

town hall la mairie mairee

toy le jouet joo-ay

track (US) le quai kay

tracksuit le survêtement
sOOrvetmON

traditional traditionnel
tradeess-yonel

traffic la circulation seerkOOlass-yON

traffic jam l'embouteillage m
ONbootay-ahj

traffic lights les feux fuh

trailer (for carrying tent etc)
la remorque ruhmork

(US) la caravane

trailer park le terrain de
camping pour caravanes
terrAN duh kONpeeng poor
karavan

train le train trAN

by train en train ON

DIALOGUE

is this the train for...? est-
ce que ce train va bien à...?
eskuh suh trAN va b-yAN a

sure oui

**no, you want that platform
there** non, il faut que vous
alliez sur ce quai là-bas eel fo
kuh voo zalee-ay sOOr suh kay

trainers (shoes) les tennis *fpl*
tenneess

train station la gare gar

translate traduire tradweer

   could you translate that?
pourriez-vous me traduire
cela? pooree-ay-voo muh… suhla

translation la traduction
tradooks-yON

translator le traducteur, la
traductrice tradookturr, -treess

trashcan la poubelle poo-bel

travel voyager vvyahj-ay

   we're travelling around
nous visitons la région
noo veezeetON la rayjeeON

travel agent's l'agence de
voyages *f* ajONss duh vvyahj

traveller's cheque le chèque de
voyage shek duh vvyahj

tray le plateau pla-toh

tree l'arbre *m* arbr

tremendous fantastique
fONtasteek

trendy à la mode

trim: just a trim please (to
hairdresser) pouvez-vous me les
égaliser, s'il vous plaît? poovay-
voo muh lay zaygaleezay

trip le voyage vvyahj

   (excursion) l'excursion *f*
exkoors-yON

   I'd like to go on a trip to…
j'aimerais faire une excursion
à… jemray fair

trolley le chariot sharee-o

trouble les ennuis ON-nwee

   I'm having trouble with…

j'ai des problèmes de…
jay day prob-lem

   sorry to trouble you
désolé de vous déranger
dayzolay duh voo dayrONjay

trousers le pantalon pONtalON

true vrai vray

   that's not true ce n'est pas vrai

trunk (of car) le coffre kofr

trunks (swimming) le maillot de
bain my-o duh bAN

try essayer essay-ay

   can I have a try? (at doing
something) est-ce que je peux
essayer? eskuh juh puh

   (food) est-ce que je peux goûter?
gootay

try on essayer essay-ay

   can I try it on? est-ce que je
peux l'essayer?

T-shirt le T-shirt

Tuesday mardi mardee

tuna le thon tON

Tunisia la Tunisie tooneezee

Tunisian tunisien tooneez-yAN

tunnel le tunnel toonel

turn: turn left/right tournez à
gauche/droite toornay

turn off: where do I turn off?
où dois-je bifurquer?
oo dwa-juh beefoorkay

   **can you turn the heating
off?** pouvez-vous arrêter le
chauffage? aretay

**turn on: can you turn the
heating on?** pouvez-vous
mettre le chauffage? metr

turning (in road) la bifurcation
beefOOrkass-yON

TV la télé taylay

tweezers la pince à épiler
pANss a aypeelay

twice deux fois duh fwa

   twice as much deux fois plus
   plOOss

twin beds les lits jumeaux
lee jOOmo

twin room la chambre à deux
lits shONbr

twist: I've twisted my ankle
je me suis tordu la cheville juh
muh swee tordOO la shuhvee

type le type teep.

   a different type of… une
   autre sorte de… ohtr sort duh

typical typique teepeek

tyre le pneu p-nuh

U

ugly (person, building) laid lay

UK le Royaume-Uni rwy-ohm
OOnee

ulcer l'ulcère *m* OOlsair

umbrella le parapluie paraplwee

uncle l'oncle *m* ONkl

unconscious sans connaissance
sON konessONss

under (in position) sous soo

   (less than) moins de mwAN duh

underdone (meat) pas assez cuit
pa zassay kwee

underground (railway) le métro
maytro

underpants le slip sleep

understand: I understand
je comprends juh kONprON

   I don't understand
   je ne comprends pas pa

   do you understand?
   comprenez-vous?
   kONpruhnay-voo

unemployed au chômage
o shohmahj

United States les États-Unis
aytazOOnee

university l'université *f*
OOneevairseetay

unleaded petrol l'essence sans
plomb *f* essONss sON plON

unlimited mileage le
kilométrage illimité
keelomaytrahj eeleemeetay

unlock ouvrir oovreer

unpack défaire sa valise
dayfair sa valeez

until jusqu'à jOOska

   I'll wait until you're back
   j'attendrai jusqu'à ce que tu
   reviennes jatONdray jOOss-kass
   kuh

unusual inhabituel eenabeetOOel

up en haut ON o

   up there là-haut la-o

   he's not up yet (not out of bed)
   il n'est pas encore levé
   eel nay pa zONkor luhvay

   what's up? (what's wrong?)
   que se passe-t-il? kuh suh pasteel

upmarket chic sheek

upset stomach l'indigestion *f*
ANdeejest-yON

upside down à l'envers a lONvair

upstairs en haut ON o

urgent urgent ∞rjON

us nous noo

  with us avec nous

  for us pour nous

USA les USA ∞-ess-a

use utiliser ∞teeleezay

  may I use…?
  puis-je me servir de…?
  pweej muh sairveer duh

useful utile ∞teel

usual habituel abeet∞el

  the usual (drink etc) comme
  d'habitude kom dabeet∞d

V

**vacancy: do you have any
vacancies?** (hotel) est-ce que
vous avez des chambres? eskuh
voo zavay day shONbr

vacation les vacances *fpl*

vaccination le vaccin vaxAN

vacuum cleaner l'aspirateur *m*
aspeeraturr

valid (ticket etc) valable val-abl

  how long is it valid for?
  jusqu'à quand est-il valable?
  j∞ska kON ayteel

valley la vallée valay

valuable (*adj*) précieux prayss-yuh

  **can I leave my valuables
  here?** est-ce que je peux laisser
  mes objets de valeur ici?
  eskuh juh puh lessay may zobjay
  duh valurr ee-see

value la valeur valurr

van la camionnette kameeonet

vanilla la vanille vanee

  a vanilla ice cream une glace
  à la vanille glass

vary: it varies ça dépend
sa daypON

vase le vase vahz

veal le veau vo

vegetables les légumes *mpl*
layg∞m

vegetarian le végétarien, la
végétarienne vayjaytaree-AN, -en

> **Travel tip** Vegetarians can
> expect a somewhat lean time
> in France. Most cities have
> at least one vegetarian res-
> taurant, but elsewhere your
> best bet will probably be a
> crêperie, pizzeria or Chinese
> or North African restaurant.
> Remember the phrase, *Je
> suis végétarien(ne); est-ce
> qu'il y a quelques plats sans
> viande?* ('I'm a vegetarian; are
> there any non-meat dishes?').

vending machine
le distributeur automatique
deestreeb∞turr otomateek

very très tray

  very little for me un tout petit
  peu pour moi AN too puhtee puh

  I like it very much ça me plaît
  beaucoup sa muh play bo-koo

vest (under shirt) le maillot de
corps my-o duh kor

via par

W

video (film) la vidéo *veedayo*
(recorder) le magnétoscope
man-yaytoskop

view la vue *voo*

villa la villa *veela*

village le village *veelahj*

vinegar le vinaigre *veenegr*

vineyard le vignoble *veen-yobl*

visa le visa

visit visiter *veezeetay*

I'd like to visit…
j'aimerais visiter… *jemray*

vital: it's vital that…
il faut absolument que…
eel foh tabsolOOmON kuh

vodka la vodka

voice la voix *vwa*

voltage le voltage *volt-ahj*

vomit vomir *vomeer*

waist la taille *tī*

waistcoat le gilet *jeelay*

wait attendre *atONdr*

wait for me! attendez-moi!
atONday-mwa

don't wait for me ne
m'attendez pas *nuh*

**can I wait until my wife/
partner gets here?** est-ce que
je peux attendre ma femme/
mon ami(e)? *eksuh juh puh*

can you do it while I wait?
pouvez-vous le faire tout de
suite? *poovay-voo luh fair toot
sweet*

**could you wait here for
me?** (as said to taxi driver) est-ce
que vous pouvez m'attendre ici?

waiter le serveur *sairvurr*,
le garçon *garsON*

waiter! garçon!

waitress la serveuse *sairvurz*

waitress! s'il vous plaît!
seel voo play

**wake: can you wake me up
at 5.30?** pouvez-vous me
réveiller à cinq heures trente?
poovay-voo muh rayvayay

wake-up call le réveil
téléphonique *ray-vay
taylayfoneek*

Wales le Pays de Galles *payee
duh gal*

walk: is it a long walk? est-ce
loin à pied? *ess lwAN a p-yay*

it's only a short walk

c'est à deux pas d'ici set a duh pa dee-see

I'll walk j'y vais à pied jee vay

I'm going for a walk je vais faire un tour juh vay fair AN toor

wall le mur mOOr

wallet le portefeuille portfuh-ee

wander: I like just wandering around j'aime bien flâner jem b-yAN flanay

want: I want a... je veux un... juh vuh

I don't want any... je ne veux pas de... juh nuh vuh pa duh

we want to go home nous voulons rentrer à la maison noo voolON

I don't want to non, je ne veux pas

he wants to... il veut... eel vuh

what do you want? que veux-tu/voulez-vous? kuh vuh-tOO/voolay-voo

ward (in hospital) la salle sal

warm chaud sho

I'm so warm j'ai tellement chaud

was: it was... c'était... saytay

wash laver lavay

can you wash these? pouvez-vous laver ceci, s'il vous plaît? poovay-voo

washer (for bolt etc) la rondelle rONdel

washhand basin le lavabo

washing (clothes) la lessive lesseev

washing machine la machine à laver lavay

washing powder la lessive lesseev

washing-up liquid le produit à vaisselle prodwee a vess-el

wasp la guêpe gep

watch (wristwatch) la montre mONtr

will you watch my things for me? pourriez-vous me garder mes affaires, s'il vous plaît? pooree-ay-voo muh garday

watch out! attention! atONs-yON

watch strap le bracelet-montre braslay-mONtr

water l'eau fo

may I have some water? pourriez-vous m'apporter de l'eau, s'il vous plaît? pooree-ay-voo maportay

waterproof (adj) imperméable ANpairmayabl

waterskiing le ski nautique skee noteek

wave (in sea) la vague vag

way: it's this way c'est par ici say par ee-see

it's that way c'est par là

is it a long way to...? est-ce que c'est loin d'ici à...? eskuh say lwAN dee-see

no way! pas question! pa kest-yON

could you tell me the way to...? pouvez-vous m'indiquer le chemin pour aller à...?

go straight on until you

reach the traffic lights
continuez tout droit
jusqu'aux feux kONteenOO-ay
too drwa jOOsko fuh

turn left tournez à gauche
toornay

take the first on the right
prenez la première à droite
pruhnay

see also **where**

we nous noo
weak (person) faible febl
(drink) pas fort pa for
weather le temps tON

DIALOGUE

**what's the weather
forecast?** quelles sont les
prévisions de la météo?
kels sON lay prayveez-yON duh
la maytay-o

it's going to be fine
il va faire beau eel va fair bo

it's going to rain
il va pleuvoir pluhvwahr

it'll brighten up later
ça va s'éclaircir plus tard
sa va sayklairseer

website le site Web seet web
wedding le mariage maree-ahj
wedding ring l'alliance faleeONss
Wednesday mercredi mairkruhdee
week la semaine suhmen

a week (from) today
aujourd'hui en huit ojoordwee
ON weet

a week (from) tomorrow

demain en huit
weekend le week-end
at the weekend ce week-end
weight le poids pwa
weird bizarre
weirdo l'énergumène *mf*
aynairgOOmen
welcome: welcome to…
bienvenue à… b-yAN-vuhnOO
you're welcome (don't mention
it) je vous en prie juh voo zON pree
well: I don't feel well je ne me
sens pas bien juh nuh muh sON
pa b-yAN
she's not well elle ne se sent
pas bien… sON…
you speak English very well
vous parlez très bien l'anglais
well done! bravo!
this one as well celui-là aussi
o-see
well well! (surprise) tiens! tyAN

DIALOGUE

how are you? comment vas-
tu/allez-vous? komON va-tOO/
alay-voo
very well, thanks très bien,
merci tray b-yAN

well-done (meat) bien cuit
b-yAN kwee
Welsh gallois galwa
I'm Welsh (*male/female*) je suis
gallois/galloise … galwahz
were: we were nous étions
noo zayteeON
you were vous étiez
voo zaytee-ay

they were ils/elles étaient
eel/el zaytay

west l'ouest *m* west

in the west à l'ouest

West Indian (*adj*) antillais
ONteeyay

wet mouillé mooyay

what? quoi? kwa

what's that? qu'est-ce que
c'est? keskuh say

what should I do? que dois-
je faire? kuh dwahj fair

what a view! quelle vue
magnifique! kel

what bus do I take?
je prends quel bus?

wheel la roue roo

wheelchair le fauteuil roulant
fotuh-ee roolON

when? quand? KON

when we get back à notre
retour a notr ruhtoor

when's the train/ferry?
à quelle heure part le train/
ferry? kel urr par

where? où? oo

I don't know where it is
je ne sais pas où il est

where is the cathedral?
où est la cathédrale? oo ay

it's over there c'est par là say

**could you show me where
it is on the map?** pouvez-
vous me montrer où ça se
trouve sur la carte?

it's just here c'est ici

which: which train?
quel train? kel

which one? lequel
(laquelle)? luhkel, lakel

that one celui-là (celle-là)
suhlwee-la, sel-la

this one? celui-ci (celle-ci)?
suhlwee-see

no, that one non, celui-là
(celle-là)

while: while I'm here pendant
que je suis ici pondON kuh

whisky le whisky

white blanc, *f* blanche blON, blONsh

white wine le vin blanc VAN blON

who? qui? kee

who is it? qui est-ce? ess

the man who...
l'homme qui...

whole: the whole week
toute la semaine toot

the whole lot le tout luh too

whose: whose is this? à qui est
ceci? a kee ay suhsee

why? pourquoi? poorkwa

why not? pourquoi pas? pa

wide large larj

wife: my wife ma femme fam

Wifi le wifi wee-fee

will: will you do it for me?
pouvez-vous faire ça pour moi?
poovay-voo

wind le vent VON

window la fenêtre fuhnetr

near the window
près de la fenêtre

in the window (of shop)
en vitrine ON veetreen

window seat le siège près de la
fenêtre pray duh la fuhnetr

windscreen le pare-brise
par-breez

windscreen wiper l'essuie-glace
m eswee-glass

windsurfing la planche à voile
plONsh a vwal

windy: it's so windy
il y a beaucoup de vent
eelya bo-koo duh vON

wine le vin vAN

**can we have some more
wine?** encore un peu de vin,
s'il vous plaît ONkor AN puh

wine list la carte des vins
kart day vAN

wine merchant le marchand de
vins marshON duh vAN

wine-tasting la dégustation
dayg00stass-yON

winter l'hiver *m* eevair

in the winter en hiver ON

winter holiday les vacances
d'hiver vakONss deevair

wire le fil de fer feel duh fair

(electric) le fil (électrique)
aylektreek

wish: best wishes meilleurs
vœux mayurr vuh

with avec avek

I'm staying with...
j'habite chez... jabeet shay

without sans sON

witness le témoin taymwAN

**will you be a witness for
me?** voulez-vous me servir
de témoin? voolay-voo muh
sairveer duh

woman la femme fam

wonderful merveilleux mairvayuh

won't: the car won't start
la voiture ne veut pas démarrer
nuh vuh pa

wood (material) le bois bwa

woods (forest) la forêt foray

wool la laine len

word le mot mo

work le travail trav-ī

   I work in... je travaille dans... juh trav-ī

   it's not working ça ne marche pas sa nuh marsh pa

world le monde mONd

worried inquiet, *f* inquiète ANkee-ay, -et

worse: it's worse c'est pire say peer

worst le pire luh peer

worth: is it worth a visit? est-ce que ça vaut le détour? eskuh sa vo luh daytoor

would: would you give this to...? pourriez-vous donner ceci à...? pooree-ay-voo donay suhsee

wrap: could you wrap it up? pourriez-vous me l'emballer? pooree-ay-voo muh lONbalay

wrapping paper le papier d'emballage pap-yay dONbalahj

wrist le poignet pwAN-yay

write écrire aykreer

   could you write it down? pouvez-vous me l'écrire? poovay-voo muh laykreer

   how do you write it? comment est-ce que ça s'écrit? komON teskuh sa saykree

writing paper le papier à lettres pap-yay a letr

wrong: it's the wrong key
ce n'est pas la bonne clef suh nuh pa la bon klay

this is the wrong train ce n'est pas le bon train

the bill's wrong il y a une erreur dans la facture eelya OOn air-rurr dON la faktOOr

sorry, wrong number excusez-moi, j'ai fait un mauvais numéro exkOOzay-mwa jay fay AN movay nOOmayro

sorry, wrong room excusez-moi, je me suis trompé de chambre juh muh swee trONpay

there's something wrong with... ...ne marche pas bien nuh marsh pa b-yAN

what's wrong? qu'y a-t-il? k-yateel

X

X-ray les rayons X *mpl* rayON eex

Y

yacht le voilier vwal-yay

yard le jardin jardAN

year l'année *f* anay

yellow jaune jo-n

yes oui wee

   you're not going already, are you? – yes tu ne t'en vas pas déjà, hein? – si tOO nuh tON va pa day-ja AN – see

yesterday hier yair

   yesterday morning

hier matin

the day before yesterday
avant-hier avont-yair

yet encore onkor

**have you heard from him
yet?** est-ce que vous avez déjà
eu de ses nouvelles? eskuh voo
zavay day ja oo duh say noovel

is it here yet? est-ce que
c'est arrivé? eskuh say

no, not yet non, pas encore
pa zonkor

**you'll have to wait a little
longer yet** il vous faudra
attendre encore un peu

yoghurt le yaourt ya-oor

you (*polite or plural*) vous voo
(*singular, familiar*) tu too

this is for you c'est pour
toi/vous twa

with you avec toi/vous

young jeune jurn

your votre, pl vos votr, vo
(*singular, familiar*) ton, f ta,
pl tes ton, ta, tay

yours le/la vôtre luh/la vohtr,
pl les vôtres
(*singular, familiar*) le tien,
f la tienne t-yAN, t-yen,
pl les tiens/tiennes

youth hostel l'auberge de
jeunesse f obairj duh jur-ness

Z

zero zéro zayro

zip la fermeture éclair
fairmtoor ayklair

**could you put a new zip
on?** pourriez-vous mettre
une nouvelle fermeture éclair?
pooree-ay-voo metr oon noovel

zoo le zoo zo

FRENCH → ENGLISH

Colloquialisms

The following are words you might well hear. You shouldn't be tempted to use any of the stronger ones unless you are sure of your audience.

bagnole *f* ban-yol old banger
bouffer boofay eat
ça craint sa krAN it's just terrible
ça me gonfle sa muh gONfl
 it's a pain
ça pête sa pet it's great
casse-toi! kass twa get lost!
c'est de la merde say duh la
 maird it's crap
c'est nul à chier say nool a
 shee-ay it's a load of crap
chiant shee-ON bloody annoying
con kON bloody stupid; bastard
connard *m* konar bloody idiot
dégage! daygaj get lost!
dégueulasse dayguhlass
 disgusting
dingue dANg crazy
fils de pute *m* feess duh poot
 son of a bitch
génial jaynee-al brilliant, cool
je m'emmerde juh mONmaird
 I'm bored stiff
je m'en fous! juh mON foo
 I couldn't care less
j'en ai marre! jON-ay mar
 I've had it up to here
mec *m* mek guy, bloke

merde! maird shit!
nana *f* bird, chick
on s'éclate! ON sayklat
 we're having a blast
pété paytay pissed
salaud *m* salo bastard
salope *f* salop bitch
ta gueule! ta gurl shut it!
tout baigne! too beñ
 everything's just hunky-dory!
tu déconnes? too daykon
 are you crazy?
tu m'emmerdes! too mONmaird
 you're a pain in the arse!
tu te fous de ma gueule?
 too tuh foo duh ma gurl
 are you taking the piss?
va te faire foutre! va tuh fair footr
 fuck off!

A

a: il/elle a he/she/it has
à a to; at; in; by
 à la gare at the station
abcès *m* absay abscess
abeille *f* abay bee
abonnements *mpl* abonnuh-mON
 season tickets
abord: d'abord dabor first
absolument absoloomON
 absolutely
accélérateur *m* axaylayraturr
 accelerator
accélérer axaylayray to accelerate
accepter axeptay to accept
accès autorisé pour

livraisons deliveries only

accès aux quais
to the platforms

accès aux trains to the trains

accès interdit no entry

accès réservé au personnel
staff entrance only

accès réservé aux riverains
no entry except for access

**accès réservé aux voyageurs
munis de billets** ticket
holders only

accompagner akONpan-yay
to accompany

accord: d'accord dakor OK

je suis d'accord I agree

accotement non stabilisé
soft verge

accueil m akuh-ee reception

accusé de réception m
akOOzay duh rayseps-yON
acknowledgement of receipt

achat m a-sha purchase

faire des achats
to go shopping

Travel tip France is a para-
dise for shoppers. Outside
Paris, which is crammed
with international clothing
chains, fashion boutiques
and antique shops, look out
for lace in the north, pottery
in Brittany and ceramics
in Limoges. The north-
east, especially Lorraine,
is renowned for its crystal
production, while Provence,
particularly Grasse, is the
place to buy perfume.

acheter ashtay to buy

acide a-seed sour

acteur m akturr actor

actrice f aktreess actress

adaptateur m adaptaturr adaptor

addition f adeess-yON bill

adolescent m adolessON teenager

s'adresser à... sadressay ask...

**adressez-vous à la
réception** ask at reception

aérogare f a-airogar air terminal

aéroglisseur m a-airogleessurr
hovercraft

aéroport m a-airopor airport

affaires fpl affair things,
belongings; business

affichage m affeeshahj display

affiche f affeesh poster

afficher affeeshay to display

affranchir affrONsheer to stamp

affranchissement m
affrONsheess-mON postage

affreux affruh awful

afin que afAN kuh so that

âge m ahj age

agence f ajONss agency

agence de voyages f duh vwyahj
travel agent's

agenda m ajANda diary

agent conservateur ajON
kONsairvaturr preservative

agent de police m duh poleess
policeman

agiter avant l'emploi
shake before use

agrandissement m
agrONdeess-mON enlargement

agréable agray-abl pleasant

agriculteur *m* agreek∞lturr farmer

ai: j'ai jay I have

aide *f* ed help

aider ayday to help

aiguille *f* aygwee needle

aile *f* el wing

ailleurs ī-yur elsewhere

aimable aymabl kind

aimer aymay to like; to love

   ne pas aimer to dislike

aimerais: j'aimerais jemray I would like

ainsi ANsee so; like this

ainsi que (just) as

air *m* air air

   avoir l'air avwahr to look

air conditionné kondeess-yonay air conditioning

aire de croisement *f* air duh krwaz-mON passing place

aire de repos ruhpo rest area

aire de service sairveess service area

aire de stationnement stass-yonuh-mON parking area

ajouter ajootay to add

alimentation *f* aleemONtass-yON food; grocer

alimentation générale jaynayral grocer

allaiter alaytay to breastfeed

Allemagne *f* almañ Germany

allemand almON German

aller alay to go

   comment allez-vous?

komON talay voo how are you?

s'en aller sON to go away

   allez-vous-en! alay-voo zON go away!

aller chercher shairshay to go and get, to fetch

aller-retour *m* alay ruhtoor return/round trip ticket

aller simple *m* sANpl single ticket

aller voir vwahr to go and see, to go and visit

allumage *m* al∞mahj ignition

allumer al∞may to light; to switch on

allumette *f* al∞met match

allumez vos phares switch on your lights

allumez vos veilleuses switch on your sidelights/ parking lights

alors alor then; well

alpinisme *m* alpeeneess-muh mountaineering

ambassade *f* ONbasad embassy

améliorer amayleeoray to improve

amende *f* amONd fine

amener amuhnay to bring

amer amair bitter

américain amayreekAN American

Amérique *f* amayreek America

ameublement *m* amurbluhmON furniture

ami *m*, **amie** *f* amee friend

amortisseur *m* amorteessurr shock-absorber

amour *m* amoor love

faire l'amour fair to make love

ampoule *f* ONpool light bulb;
blister

s'amuser samoozay to have fun

an *m* ON year

analgésique *m* an-aljayzeek
painkiller

ancien ONSS-yAN ancient; old,
former

ancre *f* ONkr anchor

anémique anaymeek anaemic

anesthésie générale *f*
anestayzee jaynayral
general anaesthetic

anesthésie locale lo-kal
local anaesthetic

angine *f* ONjeen tonsillitis

angine de poitrine pwatreen
angina

anglais ONglay English

Anglais *m* Englishman

   les Anglais the English

Anglaise *f* ONglez Englishwoman

Angleterre *f* ONgluhtair England

année *f* anay year

anniversaire *m* aneevairsair
birthday

anniversaire de mariage
maree-ahj wedding anniversary

annuaire *m* anoo-air phone book

annulé anoolay cancelled

annuler anoolay to cancel

antigel *m* ONtee-jel antifreeze

antihistaminique *m* ONtee-
eestameeneek antihistamine

**anti-insecte: la crème anti-
insecte** krem ONtee-ANsekt
insect repellent

antiquaire *m* ONteekair
antique shop

août oo August

apparaître aparetr to appear

appareil *m* aparay device; camera

   qui est à l'appareil?
   who's speaking?

   Madame… à l'appareil
   Madame… speaking

   **cet appareil ne rend pas la
   monnaie** this machine does
   not give change

   **cet appareil rend la
   monnaie** this machine gives
   change

appareil acoustique *m*
hearing aid

appareil-photo *m* camera

appartement *m* apartmON
flat, apartment

appartenir apartuhneer to belong

appeler aplay to call

   **comment vous appelez-
   vous?** komON voo zaplay-voo
   what's your name?

   je m'appelle… juh mapel
   my name is…

appendicite *f* apANdeesseet
appendicitis

apporter aportay to bring

   on peut apporter son repas
   you may eat your own food
   here

apprendre aprONdr to learn

s'approcher (de) saproshay
to go/come near

appuyer apwee-yay to lean,

to push

appuyer ici press here

appuyez pour ouvrir
press to open

après apray after

après-demain -duhmAN the day
after tomorrow

après-midi *m* afternoon

arabe *m/f* a-rab Arabic; Arab

araignée *f* aren-yay spider

arbre *m* arbr tree

arc-en-ciel *m* arkONss-yel
rainbow

argent *m* arjON money; silver

argent massif solid silver

armoire *f* armwahr cupboard

arnaque *f* arnak rip-off, swindle

arobase *f* arobaz at sign, @

arôme *m* arohm flavour

arôme naturel/artificiel
natural/artificial flavouring

arrêt *m* aray stop

arrêt d'autobus bus stop

arrêt de bus bus stop

arrêté: par arrêté préfectoral
by order

arrêter aretay to stop; to arrest

s'arrêter to stop

arrêtez! stop!

arrêtez votre moteur switch off
your engine

arrêt facultatif request stop

arrêt interdit no stopping

arrière *m* aree-air back

la roue arrière the back wheel

le siège arrière the back seat

arrivée(s) *f (pl)* areeway arrival(s)

arriver areeway to arrive;
to happen

arrondissement *m* arONdeess-
mON administrative district
of Paris

arthrite *f* artreet arthritis

articles *mpl* arteekl: **les articles
soldés ne sont ni repris
ni échangés** no refund or
exchange of reduced price
goods

articles de camping
camping accessories

articles de sport sports goods

articles de voyage
travel accessories

articles ménagers mayna-jay
household goods

artisanat *m* arteezana crafts

arts ménagers *mpl* ar mayna-jay
household goods

as: tu as a you have

as-tu...? do you have...?

ascenseur *m* asONsurr
lift, elevator

aspirateur *m* aspeeraturr hoover

s'asseoir sasswahr to sit down

asseyez-vous asay-ay-voo
sit down

assez (de) assay enough; quite

j'en ai assez jON ay assay
I have enough; I'm fed up

assieds-toi ass-yay-twa sit down

assiette *f* ass-yet plate

assurance *f* assOOrONss insurance

**assure la correspondance
avec...** connects with...

asthme *m* ass-muh asthma

astucieux astOOss-yuh clever

athée *m/f* atay atheist

athlétisme *m* atlayteess-muh athletics

Atlantique *m* atlONteek Atlantic

attachez vos ceintures fasten your seat belt

attaque *f* atak attack; stroke

atteindre atANdr to reach

attendez ici wait here

attendez-moi! wait for me!

attendez votre ticket wait for your ticket

attendre atONdr to wait

attendre la sonorité wait for the dialling tone

attention! atONss-yON look out!; caution!

attention à la marche mind the step

attention, chien méchant beware of the dog

attention, enfants caution, children

attention, fermeture automatique des portes caution, doors close automatically

attention, peinture fraîche wet paint

atterrir ataireer to land

attraper atrapay to catch

au o to the; at the; in the; by the; with

auberge *f* obairj inn

auberge de jeunesse jur-ness youth hostel

aucun okAN none, not any

au-dessous de o-duhsoo duh below

au-dessus de o-duhsOO duh above

audiophone *m* odeeo-fon hearing aid

aujourd'hui ojoordwee today

aujourd'hui en huit a week today

auprès de opray duh near

auquel okel to which; at which

aurai: j'aurai joray I will have

aura: il/elle aura ora he/she/it will have

aurais: j'aurais/tu aurais oray I/you would have

auras: tu auras ora you will have

au revoir goodbye

aurez: vous aurez oray you will have

auriez: vous auriez oree-ay you would have

aurions: nous aurions oree-ON we would have

aurons: nous aurons orON we will have

auront: ils/elles auront orON they will have

aussi o-see also

aussi grand que as big as

moi aussi me too

aussi... que possible as... as possible

aussitôt o-seeto at once

aussitôt que as soon as

Australie *f* ostralee Australia

australien ostralee-AN Australian

autant (de) otON duh as much; as many

autobus *m* otobOOss bus

autocar *m* coach, bus

automne *m* otON autumn

automobiliste *m/f* otomobeeleest car driver; motorist

autoradio *m* otorad-yo car radio

autoroute *f* otoroot motorway, highway

autoroute à péage toll motorway/highway

auto-stop *m* otostop hitch-hiking

   faire de l'autostop to hitchhike

autre ohtr other

   un/une autre another

autre chose shohz something else

autres destinations other destinations

autres directions other destinations

Autriche *f* otreesh Austria

autrichien otreeshee-AN Austrian

aux o to the; at the; in the; by the; with

auxquel(le)s okel to which; at which; in which; by which

avaler avalay to swallow

avance: d'avance davONss in advance

   en avance early

avancer avONsay to move

forward, to advance

avant *m* avON front

avant before

   avant JC BC

avant-hier avON-tee-air the day before yesterday

avec avek with

averse *f* avairss shower

aveugle avurgl blind

avez: vous avez voo zavay you have

   avez-vous…? do you have…?

avion *m* av-yON plane

   par avion by airmail

avis *m* avee notice

avocat *m* avoka lawyer

avoir avwahr to have

avons: nous avons noo zavON we have

avril avreel April

ayant ay-yON having

B

bac *m* ferry

bagages *mpl* bagahj luggage

   faire ses bagages to pack

bagages à main mAN hand luggage

bagarre *f* ba-gar fight

bagnole *f* ban-yol car (*familiar word*)

bague *f* bag ring

baignade dangereuse danger, do not swim here

baignade interdite

no swimming

se baigner suh ben-yay
to go swimming

baignoire f beñ-wahr bathtub

bain m bAN bath

bains douches municipaux
public baths

baiser m bezzay kiss

baiser to screw

bal m dance

    bal du 14 juillet open air
dance on the French national
holiday

balade f bal-ad walk, stroll

se balader suh baladay
to go for a stroll

baladeur m baladurr
personal stereo

balcon m balkON balcony

balle f bal ball

balles bal euros (*familiar word*)

ballon m balON ball; balloon

bande d'arrêt d'urgence
hard shoulder

bande magnétique f
man-yayteek tape

bande médiane mayd-yan
central reservation

banlieue f bON-l-yuh suburbs

banque f bONK bank

barbe f barb beard

barque f bark small boat

barrière f baree-air fence

barrière de dégel road closed
to heavy vehicles during thaw

bas mpl ba stockings

bas low

en bas ON downstairs

baskets fpl bass-ket trainers

bateau m bato boat

bateau à rames ram
rowing boat

bateau à vapeur vapurr steamer

bateau à voile vwal sailing boat

bateau-mouche -moosh
pleasure boat on the Seine

bâtiment m bateemON building

batterie f batree battery

se battre suh batr to fight

baume après-shampoing
m bohm apray-shONpwAN
conditioner

bd boulevard

BD (bande dessinée) f bay-day
(bONd desseenay) comic strip

beaucoup bo-koo a lot; much

    beaucoup de… a lot of…

beau, f belle bo, bel beautiful;
fine

    il fait beau the weather is good

beau-fils m -feess son-in-law

beau-père m -pair father-in-law

bébé m baybay baby

belge belj Belgian

Belgique f beljeek Belgium

belle bel beautiful

belle-fille f -fee daughter-in-law

belle-mère f -mair mother-in-law

béquilles fpl baykee crutches

besoin: j'ai besoin de… jay
buhzwAN duh I need…

bibliothèque f beebleeo-tek
library

bibliothèque municipale
public library

bicyclette f beesseeklet bicycle

bien b-yAN well, fine

bien du/de la/des many,
a lot of

bien portant portON in good
health

bien que kuh although

bien sûr soor of course

bientôt b-yanto soon

à bientôt see you later

bienvenue! b-yAN-vuhnoo
welcome!

bienvenue sur notre réseau
welcome to our network

bijouterie f beejootuhree jeweller's

bijoux mpl beejoo jewellery

billet m bee-yay ticket

billet de banque bONk
banknote, bill

billets tickets; (bank)notes, bills

billet Section Urbaine ticket
valid for suburban train and
métro and all RER

billets internationaux
international tickets

billets périmés used tickets

blaireau m blairo shaving brush

blanc, f **blanche** blON, blONsh
white

blanchisserie f blONsheesree
laundry

blessé blessay injured; hurt

blessure f blessoor wound

bleu bluh blue

bleu m bruise

boire bwahr to drink

bois m bwa wood

boîte f bwat box; can; nightclub

boîte à/aux lettres letr
letterbox

boîte de nuit nwee nightclub

boîte de vitesses veetess gearbox

bol *m* bowl

bombe *f* boNb bomb

bon boN good

  bon! right!, OK!

bon anniversaire! happy birthday!

bon appétit! enjoy your meal!

bon après-midi! have a good afternoon!

bonbon *m* boN-boN sweet, candy

bondé boNday crowded

bonde *f* boND plug

bonjour boNjoor hello; good morning

Travel tip The French have a reputation for rudeness, yet they are courteous to the point of formality. It's common for someone entering a shop to wish customers and shopkeeper alike a general 'good morning', and foreigners on business quickly learn the importance of shaking hands, asking the right questions and maintaining respectful eye contact.

---

bon marché boN marshay cheap

bonne année! bon anay happy New Year!

bonne chance! shoNss good luck!

bonne journée! joornay have a good day!

bonne nuit nwee good night

bonne route! root safe journey!

bonnet de bain *m* bonay duh baN bathing cap

bonsoir boNswa good evening

bon voyage! have a good trip!

bord *m* bor edge

  au bord de la mer o at the seaside

borne *f* born kilometre (*familiar word*)

botte *f* bot boot

bottin *m* botaN telephone directory

bouche *f* boosh mouth

bouché booshay blocked

boucherie *f* booshree butcher's

boucherie-charcuterie -sharkOOtree butcher's (also selling pâté and sausages)

boucherie chevaline horsemeat butcher

bouchon *m* booshoN cork; stopper; traffic jam

bouclé booklay curly

boucles d'oreille *fpl* bookl doray earrings

bouée *f* boo-ay buoy

bouffe *f* boof grub, food

bouger boojay to move

bougie *f* boojee candle; spark plug

bouillotte *f* boo-ee-yot hot-water bottle

boulangerie *f* booloNjree baker's

boulangerie-pâtisserie baker's and cake shop

boules *fpl* bool (French-style) bowling

boules Quiès kee-ess earplugs

boulevard périphérique *m* ring road

bourré booray pissed

boussole *f* boossol compass

bouteille *f* bootay bottle

boutique *f* small shop

boutique de mode clothes boutique

boutique hors-taxe or tax duty free shop

bouton *m* bootON button; spot

boxe *f* box boxing

BP (boîte postale) PO Box

bras *m* bra arm

brasserie *f* pub/bar/café serving food

brave brahv good; brave

bref brief

Bretagne *f* bruhtañ Brittany

bricolage *m* breekolahj do-it-yourself, DIY (supplies)

bricoler breekolay to do DIY

briller bree-yay to shine

briquet *m* breekay lighter

brise *f* breez breeze

britannique British

brocante secondhand goods

broche *f* brosh brooch

bronchite *f* brONsheet bronchitis

bronzage *m* brONzahj suntan

bronzer bronzay to tan

se bronzer to sunbathe

brosse *f* bross brush

brosse à cheveux shuhvuh hairbrush

brosse à dents dON toothbrush

brosser brossay to brush

brouillard *m* broo-ee-yar fog

brouillard fréquent risk of fog

bruit *m* brwee noise

brûler brOOlay to burn

brûlure *f* brOOlOOr burn

brume *f* brOOm mist

brun brAN brown

brushing *m* blow-dry

bruyant brwee-yON noisy

bu bOO drunk

buffet à volonté unlimited buffet

bureau *m* office

bureau d'accueil dakuh-ee reception centre

bureau de poste posst post office

bureau des objets trouvés objay troovay lost property office

bureautique *f* office automation

butagaz *m* camping gas

buvette *f* bOOvet refreshment room; refreshment stall

buvez: vous buvez bOOvay you drink

buvons: nous buvons bOOvON we drink

ça sa it; that

ça alors! well really!;

I don't believe it!

ça va? how's things?

ça va it's OK, I'm OK; that's fine

ça va mieux I'm feeling better; things are better

cabas *m* kaba shopping bag

cabine *f* kabeen cabin

cette cabine peut être appelée au numéro:... incoming calls can be made to this phonebox using the following number:...

cabine téléphonique phone box

cabines d'essayage fitting rooms

cabinet dentaire *m* dentist's surgery

cabinet médical doctor's surgery

cacher kashay to hide

cacher kashair kosher

cachet *m* kashay tablet

caddie *m* (supermarket) trolley

cadeau *m* kado present, gift

cadeaux-souvenirs gift shop

cafard *m* kafar cockroach

j'ai le cafard I feel a bit down

café *m* kafay coffee, black coffee; café, bar

café complet kONplay continental breakfast

cahier *m* ky-yay notebook; exercise book

caisse *f* kess till, cash desk

caisse d'épargne dayparñ savings bank

caissier *m* cashier

calculette *f* kalOOlet calculator

calendrier *m* kalONdree-ay calendar

calmant *m* kalmON tranquillizer

caméra *f* kamayra cine-camera; (TV) camera

camion *m* kam-yON lorry

camionnette *f* kam-yonet van

campagne *f* kONpañ countryside

à la campagne in the country

camping *m* kONpeeng camping; campsite

camping-car *m* mobile home

camping-caravaning site for camping and caravans

camping interdit no camping

canadien kanadee-AN Canadian

canif *m* kaneef penknife

canne à pêche *f* kan a pesh fishing rod

canoë *m* kano-ay canoe; canoeing

canton *m* kONtON administrative district of Switzerland

caoutchouc *m* ka-oochoo rubber

capitaine *m* kapeeten captain

capot *m* kapo bonnet, hood (of car)

car *m* coach, bus

car for, because

caravane *f* caravan

carburateur *m* carburettor

cardiaque: être cardiaque to have a heart condition

carie *f* karee caries

carnet *m* karnay book (of tickets)

carnet d'adresses dadress address book

carnet de tickets teekay book of tickets

carnet de timbres tANbr book of stamps

carrefour *m* karfoor crossroads, intersection

carrefour dangereux dangerous crossroads/intersection

carrosserie *f* garage that does bodywork repairs

carte *f* kart card; map; pass

carte d'anniversaire birthday card

carte de crédit kraydee credit card

carte d'embarquement ONbarkmON boarding pass

carte de réduction raydOOx-yON card entitling the holder to price reductions

carte de visite veezeet (business) card

carte d'identité eedONteetay ID card

carte grise greez car registration book

carte orange orONj season ticket for transport in Paris and its suburbs

carte postale poss-tal postcard

carte refusée card rejected

carte routière root-yair road map

carte verte vairt green card

carton *m* kartON box; cardboard

cascade *f* kaskad waterfall

casquette *f* kasket cap

cassé kassay broken

casser kassay to break

casserole *f* saucepan

cauchemar *m* kohsh-mar nightmare

cause *f* kohz cause

à cause de because of

CCP (compte de chèques postaux) giro account

ce suh this; that; it

ce serait suhray it would be

ceci suhsee this

cédez le passage give way, yield

ceinture *f* sANtOOr belt

ceinture de sécurité saykOOreetay seat belt

cela suhla that

célèbre saylebr famous

célibataire *m* sayleebatair bachelor

célibataire single

celle-ci sel-see this one

celle-là -la that one

celles-ci sel-see these

celles-là those

celui-ci suhlwee-see this one

celui-là that one

cendrier *m* sONdree-ay ashtray

cent sON hundred

centime *m* sONteem centime (1/100 euro)

centre *m* sONtr centre

centre commercial shopping centre

centre culturel arts centre

centre sportif sports centre

centre-ville city centre

cependant suhpONdON however

ce que suh kuh what

ce qui kee what

certain sairtAN sure, certain; some

ces say these

c'est say it is; that's

  c'est ça that's it

c'est-à-dire setadeer
  that is to say

cet set this; that

c'était saytay it was

cette set this; that

ceux-ci suh-see these

ceux-là those

**CFF (Chemins de fer
  fédéraux)** Swiss railways

chacun shakAN each one;
  everyone

chaîne f shen chain; channel;
  stereo

chaise f shez chair

chaise longue deckchair

chaleur f shalurr heat

chambre f shONbr room;
  bedroom

chambre à air inner tube

chambre à coucher kooshay
  bedroom

chambre à deux lits duh lee
  twin room

**chambre pour deux
  personnes** pairson
  double room

chambre pour une personne
  OOn single room

chambres à louer rooms to let

champ m shON field

chance f shONss luck; chance

change m shONj change;
  exchange; currency exchange

change de devises currency
  exchange

changement à... change at...

changer shONjay to change

se changer to change

changer de train
  to change trains

changer de vitesse
  to change gear

changeur de monnaie m
  change machine

chanson f shONsON song

chanter shONtay to sing

chantier m roadworks;
  building site

chantilly f shontee-yee
  whipped cream

chapeau m shapo hat

chapeau de soleil solay sun hat

chapellerie f hat shop

chaque shak each, every

charcuterie f sharkOOtree
  delicatessen; cold meat,
  sausages, salami, pâtés etc

chargeur de portable m sharjurr
  duh portahbl phone charger

chariot m sharee-o trolley

chariot obligatoire you must
  take a trolley

charter m charter flight

chasse gardée hunting reserve

chat *m* sha cat

châtain shatAN chestnut, brown

château *m* shato castle; mansion

château fort fortified castle

chaud sho warm, hot

chauffage *m* shofahj heating

chauffage central sON-tral
central heating

chauffard! shofar learn to drive!

chauffe-eau *m* shohf-o
water heater

chaussée déformée
uneven road surface

chaussée glissante
slippery road surface

chaussée rétrécie
road narrows

chaussée verglacée icy road

chaussettes *fpl* sho-set socks

chaussures *fpl* sho-sOOr shoes

chaussures de ski ski boots

chaussures de tennis
gym shoes

chauve shohv bald

**CH (Confédération
Helvétique)** Switzerland

chemin *m* shuhmAN path

chemin de fer duh fair railway

chemise *f* shuhmeez shirt

chemise de nuit duh nwee
nightdress

chemiserie menswear

chemisier *m* shuhmeez-yay
blouse

chèque *m* shek cheque, (US) check

les chèques ne sont pas
acceptés we do not accept
cheques

chèque de voyage duh vwyahj
traveller's cheque

chéquier *m* shaykee-ay
cheque book

cher shair expensive; dear

chercher shairshay to look for

cheveux *mpl* shuhvuh hair

cheville *f* shuhvee ankle

chez shay at; among

chez Nadine at Nadine's

faites comme chez vous
make yourself at home

chez Marcel/Mimi (name of
bar etc) Marcel's/Mimi's

chien *m* shee-AN dog

les chiens doivent être
tenus en laisse dogs must be
kept on a lead/leash

choc *m* shok shock

chocolat à croquer *m* shokola a
krokay plain chocolate

chocolat au lait o lay
milk chocolate

chocolatier *m* chocolate shop

choisir shwazeer to choose

choix *m* shwa choice

chômage: au chômage
o shohmahj unemployed

chose *f* shohz thing

Chronopost express mail

chute de neige *f* shOOt duh nej
snowfall

chute de pierres falling rocks

ciel *m* see-el sky; heaven

cigare *m* seegar cigar

cimetière *m* seemt-yair cemetery

cinémathèque *f* film theatre, movie theater

cinglé *m* sANglay nutter, nutcase

cinq sANk five

cinquante sANkONt fifty

cinquième sANk-yem fifth

cintre *m* sANtr coathanger

cirage *m* seerahj shoe polish

circuit touristique tourist route

circulation *f* seerkOOlass-yON traffic

circulation alternée single line traffic

circuler seerkOOlay to run

  circule le... runs on...

  ne circule pas le samedi/ dimanche does not run on Saturdays/Sundays

circulez! move along!

circulez sur une file single line traffic

cire pour voiture *f* seer poor vwatOOr car wax

cirque *m* seerk circus

ciseaux *mpl* seezo scissors

cité universitaire *f* university halls of residence

clair clear

  bleu clair light blue

classe *f* klass class

clé *f* klay key

clé anglaise ONglez wrench

clé USB *f* klay OO-ess-bay memory stick

clignotant *m* kleen-yotON indicator

climat *m* kleema climate

climatisation *f* kleemateezass-yON air-conditioning

climatisé air-conditioned

clinique *f* clinic

cloche *f* bell

clôture électrifiée electric fence

clou *m* kloo nail

cochon *m* koshON pig

code de la route *m* kod duh la root highway code

code postal poss-tal postcode, zip code

coffre *m* kofr boot, trunk (of car)

coiffer kwafay to comb

  se coiffer to do one's hair

coiffeur *m*, **coiffeuse** *f* kwafurr, -urz hairdresser

coiffeur pour dames poor dam ladies' hairdresser

coiffeur pour hommes om men's hairdresser, barber's

coiffure *f* kwafOOr hairstyle; hairdresser's

coin *m* kwAN corner

coincé kwANsay stuck

col *m* collar; (mountain) pass

  col fermé pass closed

  col ouvert pass open

  col roulé roolay polo neck (jumper)

colis *m* kolee parcel, package

colis France parcels for France only

collant *m* kolON tights

colle *f* kol glue

collectionner kolex-yonay to collect

collier *m* kol-yay necklace

colline *f* koleen hill

combien? kONb-yAN how many?, how much?

commander komONday to order

comme kom like; as; how

commencer komONsay to begin

comment? komON how?; pardon?; sorry?

  comment allez-vous? talay-voo how are you?

  comment ça va? sa how are things?

  comment vas-tu? va-too how are you?

commerçant *m* komairsON shopkeeper

commissariat *m* komeessaree-a police station

commissariat de police police station

commotion cérébrale *f* komoss-yON sayray-bral concussion

communication *f* komooneekass-yON call

communication internationale international call

communication interurbaine long-distance call

communication locale local call

communication urbaine local call

compagnie aérienne *f* kompan-yee a-ayree-en airline

comparer kONparay to compare

compartiment fumeurs smoking compartment

compartiment non-fumeurs non-smoking compartment

complet *m* kONplay suit

complet full, no vacancies

complètement kONpletmON totally

compliqué kONpleekay complicated

composer le numéro dial the number

composez sur le clavier numérique le montant choisi pour la vignette enter selected value of postage label on numerical keyboard

composez votre code confidentiel à l'abri des regards indiscrets enter your PIN without letting anybody see it

composition contents

composition du train order of cars

compostage: le compostage des billets est obligatoire tickets are valid only if punched

compostez votre billet validate/punch your ticket in the machine

comprendre kONproNdr to understand; to include

comprimé *m* kONpreemay tablet

compris kONpree included

comptable *m* kONtabl accountant

comptant: payer comptant kONtON pay cash

compteur m kONturr
speedometer

con m kON stupid idiot; stupid
bastard

concessionnaire m agent

concierge m/f caretaker

conditions d'enneigement
snow conditions

conditions pour skier skiing
conditions

conducteur m kONdOOkturr driver

conductrice f kONdOOktreess
driver

conduire kONdweer to drive

confirmer kONfeermay to confirm

confiserie f confectioner,
sweet shop

congé annuel m annual holiday

congélateur m kONjaylaturr
freezer

connaître konetr to know

conseiller kONsay-yay to advise

**conserver: se conserve au
moins... après la date-
limite de vente** keeps for at
least... after the sell-by date

conserver au frais (et au sec)
keep in a cool (dry) place

**conservez votre ticket sur
vous** keep your ticket with you

**conservez votre titre de
transport jusqu'à la sortie**
keep your ticket till you leave
the station

consigne f kONseeñ left luggage,
baggage checkroom

consigne automatique
left luggage lockers

consommation f kONsomass-yON
drink

consommation au comptoir
drink at the bar

consommation en salle
drink in the lounge

consommer avant le...
eat by..., best before...

constipé kONsteepay constipated

consulat m kONsOOla consulate

contacter kONtaktay to contact

contagieux kONtaj-yuh
contagious

contenir kONtuhneer to contain

ne contient pas de...
contains no...

content kONtoN pleased

contenu contents

continuer kONteenOO-ay
to continue, to go on

contraceptif m contraceptive

contractuel m traffic warden

contraire m kONtrair opposite

contre kONtr against

contre les... for...

contre-indications
contra-indications

contrôle des bagages m
baggage security check

contrôle des passeports
passport control

contrôles radar
radar speed checks

convoi exceptionnel
long vehicle

copain m kopAN pal, mate;
boyfriend

copine *f* kopeen friend; girlfriend
coquillage *m* kokee-ahj shell
Corail *m* intercity train
cor au pied *m* o p-yay corn
corde *f* rope
cordonnerie *f* cobbler's
cordonnier *m* cobbler, shoe repairs
corps *m* kor body
correspondance *f* koresspondonss connection
correspondance Porte d'Orléans all stops on the line to Porte d'Orléans
Corse *f* korss Corsica
costume *m* suit
côté *m* kotay side
  à côté de next to
  mettre de côté to put aside
côte *f* koht coast; rib

Côte d'Azur French Riviera
côté non stabilisé soft verge
coton *m* koton cotton
coton hydrophile eedrofeel cotton wool, absorbent cotton
cou *m* koo neck
couche *f* koosh nappy
coucher: aller se coucher alay suh kooshay to go to bed
  au coucher seulement only when you go to bed
couchette *f* couchette; reclining seat; bunk bed
coude *m* kood elbow
coudre koodr to sew
couette *f* kwet continental quilt; bunch (in hair)
couler koolay to sink; to run
couleur *f* koolurr colour
couloir bus et taxis bus and taxi lane

coup m koo blow, knock; stroke
  tout d'un coup suddenly
coup de fil phonecall
coup de soleil solay sunburn
coupe f koop haircut
coupe de cheveux duh shuhvuh
  haircut
couper koopay to cut
coupure f koopOOr cut
coupure de courant duh koorON
  power cut
cour court; courtyard
courageux koorahj-uh brave
courant d'air m koorON dair
  draught
courant dangereux
  dangerous current
courir kooreer to run
courrier m kooree-ay mail;
  letters and postcards
courrier recommandé
  registered mail
courroie du ventilateur f
  koorwa dOO vONteelaturr fan belt
cours du change m koor dOO
  shONj exchange rate
course f koorss race
  faire des courses
  to go shopping
course automobile racing track
court koor short
court de tennis m tennis court
cousin m, **cousine** f koozAN, -een
  cousin
couteau m kooto knife
coûter kootay to cost
coutume f kootOOm custom

couture f dressmaking; couture
couvent m koovON convent
couvercle m koovairkl lid
couvert koovair covered; overcast
couverts mpl koovair cutlery
couverts à poisson fish cutlery
couverture f koovairtOOr blanket
couverture chauffante shohfONt
  electric blanket
couvre-lit m koovr-lee bedspread
cracher krashay to spit
crachin m krashAN drizzle
craindre krANdr to fear
crampe f krONp cramp
crâne m krahn skull
cravate f tie
crayon m pencil
crédit... unités... units
  remaining, credit...
crème de beauté f botay
  cold cream
crème démaquillante
  daymakee-yONt cleansing cream
crème hydratante eedratONt
  moisturizer
crémerie f dairy
crêperie f krepuhree pancake
  restaurant
crevaison f kruhvezzON puncture
crevé kruhvay knackered;
  punctured
cric m jack
crier kree-ay to shout
crise f kreez fit, attack; crisis
crise cardiaque heart attack
crise de foie duh fwa
  upset stomach

crise d'épilepsie epileptic fit

croire krwahr to believe

croisement *m* krwazmON junction, intersection

croisière *f* krwaz-yair cruise

crosse de golf *f* golf club

CRS (Compagnie républicaine de sécurité) *f* say-air-ess riot police; *m* riot policeman

cuiller *f*, **cuillère** *f* kwee-yair spoon

cuillère à café teaspoon

cuillère à dessert dessert spoon

cuillère à soupe soup spoon

cuillerée *f* spoonful

cuir *m* kweer leather

cuisine *f* kitchen; cooking

cuisiner kweezeenay to cook

cuisinier *m* kweezeen-yay cook

cuisinière *f* kweezeen-yair cooker; cook

cuisse *f* kweess thigh; leg (of chicken)

cycles cycle shop

cyclisme *m* seekleess-muh cycling

cycliste *m/f* seekleest cyclist

cyclotourisme *m* cycle touring

cystite *f* seess-teet cystitis

D

daim *m* dAN suede

dame *f* dam lady

dames ladies' (toilets); draughts, checkers

dancing *m* dONseeng dance hall, night club

danger *m* dONjay danger

danger de mort danger of death

dangereux dONjuhruh dangerous

dans dON in; into

danse *f* dONss dance; dancing

danser dONsay to dance

date *f* dat date

date de naissance nessONss date of birth

date limite de vente sell-by date

de duh of; from

debout duhboo standing

début *m* beginning

débutant *m* beginner

décembre daysONbr December

décider dayseeday to decide

déclarer dayklaray to declare, to state

décoller daykolay to take off

déconseillé aux personnes sensibles unsuitable for people of a nervous disposition

décontracté daykONtraktay casual; laid-back

découpez suivant le pointillé cut along the dotted line

découvrir daykoovreer to discover

décrire daykreer to describe

décrochez lift the receiver

déçu dayscoo disappointed

dedans duhdON inside

défaire sa valise dayfair to unpack

défectueux dayfektoo-uh faulty

défendu dayfoNdoo forbidden

défense de... dayfoNss...
forbidden, no..., do not...

défense d'afficher stick no bills

**défense de déposer des
ordures** no litter, no dumping

défense d'entrer no entry

défense de fumer no smoking

**défense de laisser des
bagages dans le couloir**
bags must not be left in the
corridor

**défense de marcher sur la
pelouse** keep off the grass

**défense de parler au
conducteur** do not talk to
the driver

**défense de... sous peine
d'amende**... will be fined

défense de stationner
no parking

**défense de traverser les
voies** it is forbidden to cross
the railway/railroad lines

dégagé clear

dégoûtant daygootoN disgusting

degré m duhgray degree

dégueulasse daygurlass
disgusting

dégustation (de vin) f
daygoostass-yoN wine-tasting

dégustation gratuite
free wine-tasting

dehors duh-or outside

dehors! get out!

déjà dayja already

déjeuner m dayjuhnay lunch;
breakfast

delco m distributor

délicieux dayleess-yuh delicious

deltaplane m -plan hang-gliding

demain duhmAN tomorrow

à demain see you tomorrow

demander duhmoNday to ask

demandez à la caisse ask at
the cash desk

démangeaison f daymoNjezzoN
itch

démaquillant m daymakee-yoN
skin cleanser

se démaquiller daymakee-yay
to remove one's make-up

démarrer daymaray to start up

demi duhmee half

demi-litre m half a litre

demi-heure f -urr half an hour

demi-journée f -joornay
half a day

demi-pension f -poNss-yoN
half board, American plan

demi-tour m U-turn

dent f doN tooth

dentier m doNt-yay dentures,
false teeth

dentifrice m doNteefreess
toothpaste

dentiste m/f doNteest dentist

dépanneuse f daypanurz
breakdown lorry

département m daypartmoN
administrative district of
France

départementale f daypartmoNtal
B road

départ(s) departure(s)

dépasser daypassay to pass

se dépêcher suh daypeshay
to hurry

dépêchez-vous! hurry up!

dépendre: ça dépend sa daypON
it depends

dépenser daypONsay to spend

dépliant *m* dayplee-ON leaflet

dépression (nerveuse) *f*
daypress-yON nairvurz
nervous breakdown

déprimé daypreemay depressed

depuis (que) duhpwee (kuh) since

**dérangement: en
dérangement** out of order

déranger dayrONjay to disturb

ça vous dérange si…? sa voo
dayrONj do you mind if…?

déraper dayrapay to skid

dermatologue *m/f* dairmatolog
dermatologist

dernier dairn-yay last

l'année dernière last year

derrière dairyair behind

derrière *m* bottom

des day of the; from the; some

des biscuits some biscuits

dès day from

dès que as soon as

désagréable dayzagray-abl
unpleasant

désastre *m* dayzastr disaster

descendre duhsONdr to go down;
to get off

se déshabiller suh dayzabee-yay
to undress

désinfectant *m* dayzANfektON
disinfectant; antiseptic

désirer dayzeeray to want,
to wish for

désolé: je suis désolé dayzolay
I'm sorry

desquels daykel of which;
from which

dessert *m* desair dessert

dessert… stops at…

dessin *m* duhsAN drawing

dessiner duhseenay to draw

dessous duhsoo underneath;
under it

dessus duhsoo above; on top;
on it

destinataire *m/f* addressee;
consignee

détaxe à l'exportation *f*
tax refund on export goods

détendre: se détendre
suh daytONdr to relax

détester daytestay to hate

deux duh two

deuxième étage *m* duhz-yem
aytahj second floor,
(US) third floor

devant duhvON in front of;
in front

développer dayvlopay to develop

devenir duhvuhneer to become

déviation *f* diversion

devises étrangères *fpl* duhveez
aytrONjair foreign currency

devoir *m* duhvwahr duty

devoir to have to

devrai: je devrai duhvray I will

have to

devrais: je/tu devrais duhvray
I/you should

devras: tu devras duhvra
you will have to

devrez: vous devrez duhvray
you will have to

devriez: vous devriez
duhvree-ay you should

diabétique diabetic

diamant m dee-amON diamond

diapositive f dee-apozeeteev slide

diarrhée f dee-aray diarrhoea

dictionnaire m deex-yonair
dictionary

diététique health food

Dieu m d-yuh God

différent deefayrON different

difficile deefeesseel difficult

Diligo pre-stamped parcel,
for France only

diluer deelOO-ay to dissolve

diluer dans un peu d'eau
dissolve in water

dimanche deemONsh Sunday

dimanches et jours fériés
Sundays and public holidays

dîner m deenay dinner

dîner to have dinner

dîner-spectacle dinner during
the show (in cabaret)

dingue dAN-g crazy

dire deer to say; to tell

directeur m deerekturr manager;
director; headteacher

direction f deerex-yON steering;
direction

dis: je/tu dis dee I/you say

disent: il/elles disent deez
they say

disons: nous disons deezON
we say

disparaître deesparetr
to disappear

disquaire m deeskair record shop

disque m deesk record

disque compact compact disc

disque obligatoire parking disk
compulsory

dissolvant m deessolvON
nail-polish remover

Distingo envelope with pre-
· printed address box

**distributeur automatique de
billets** m ticket machine

**distributeur (automatique)
de billets (de banque)**
cash machine, ATM

Travel tip The easiest way
to access money in France
is to use your credit or debit
card to withdraw cash from
an ATM (most machines give
instructions in English). There
is often a transaction fee, so
it's more efficient to take out
a sizeable sum each time
rather than making lots of
small withdrawals.

---

distributeur de boissons
drinks vending machine

dit dee says; said

dites: vous dites deet you say

divorcé deevorsay divorced

divorcer deevorsay
to get a divorce

dix deess ten

dix-huit deez-weet eighteen

dixième deez-yem tenth

dix-neuf deez-nuhf nineteen

dix-sept deesset seventeen

d'occasion dokaz-yON
second-hand

docteur m dokturr doctor

doigt m dwa finger

dois: je/tu dois dwa I/you must

doit: il/elle doit dwa
he/she/it must

doivent: ils/elles doivent dwav
they must

dolmen m megalithic tomb

domicile m home address

dommage: c'est dommage
domahj it's a pity

donc dONk then, therefore

donner donay to give

dont dON of which; whose

dormir dormeer to sleep

dos m doh back

dose pour adultes/enfants
dose for adults/children

douane f dwan Customs

doubler dooblay to overtake

douce dooss soft; sweet

douche f doosh shower

douleur f doolurr pain

douloureux doolooruh painful

douter dootay to doubt

doux, f douce doo, dooss
soft; sweet

douzaine f doozen dozen

douze dooz twelve

drap m dra sheet

drapeau m drapo flag

draps de lit mpl dra duh lee
bed linen

drogue f drog drug

droguerie f drogree shop selling
selling non-prescription
medicines, toiletries and
household goods

droit drwa straight

droit m right

droite f drwat right

à droite (de) on the right (of)

drôle funny

du doo of the; from the; some

du vin some wine

dû: j'ai dû doo I had to; I must
have

duquel dookel of which; from
which

dur door hard

durer dooray to last; to keep

durée de conservation...
keeps for...

E

eau f o water

eau de Javel duh javel bleach

eau non potable not drinking
water

eau potable drinking water

échanger ayshONjay to exchange

échange/remboursement exchange/refund

échantillon gratuit – ne peut être vendu free sample – not for sale

échecs *mpl* ayshek chess

écharpe *f* aysharp scarf

échelle *f* ayshel ladder

école *f* aykol school

école de langues duh lON-g language school

économique aykonomeek economy; economy-rate

Écopli *m* aykoplee economy-rate letter for France

écossais aykossay Scottish

Écosse *f* aykoss Scotland

écouter aykootay to listen (to)

écrire aykreer to write

écrou *m* aykroo nut

édifice public *m* aydeefeess pOObleek public building

édredon *m* aydruhdON duvet

égal aygal equal

   ça m'est égal I don't mind

égaliser aygaleezay to equalize; to trim

église *f* aygleez church

élastique *m* aylasteek rubber band

électricité *f* aylektreesseetay electricity

électroménager *m* household appliances

électrophone *m* aylektrofon record player

élever ayluhvay to raise; to lift up

elle el she; her; it

elle-même el-mem herself; speaking

elles el they; them

emballer ONbalay to wrap

embarquement (immédiat) boarding (now)

embouteillage *m* ONbootay-ahj traffic jam

embranchement *m* ONbrONshmON fork

embranchement d'autoroutes motorway junction

embrasser ONbrassay to kiss

embrayage *m* ONbray-ahj clutch

émission *f* aymeess-yON programme

emmener ONmuhnay to give a lift to; to take away

Empire ONpeer Napoleon's reign (1804-14)

emplacement *m* ONplassmON site

emplacement réservé no parking

employer ONplwy-yay to use; to employ

emporter ONportay to take away

emprunter ONprANtay to borrow

empruntez le passage souterrain use the underpass

en ON in; to; by

   en 1945 in 1945

   en France in France

   en bas ba downstairs

   en haut o upstairs

   en cas d'incendie in the event of fire

en cas d'urgence in an emergency

en cas d'affluence ne pas utiliser les strapontins do not use fold-down seats when the train is crowded

en face de opposite

enceinte ONSANt pregnant

enchanté ONshONtay pleased to meet you

encolure f ONkolOOr collar size

encore ONkor again; still

encore plus beau even more beautiful

encore une bière another beer

endommager ONdoma-jay to damage

endormi ONdormee asleep

enfant m/f ONfON child

enfin ONfAN at last

enflé ONflay swollen

enjoliveur m ONjoleevurr hub cap

enlever ONluhvay to take away; to remove

ennuyer ON-nwee-yay to bother; to bore

s'ennuyer to be bored

ennuyeux ON-nwee-yuh annoying; boring

énorme aynorm enormous

énormément aynormaymON enormously

enregistrement des bagages m check-in

enrhumé: je suis enrhumé ONrOOmay I've got a cold

enseignant m ONsen-yON teacher

enseigner ONsen-yay to teach

ensemble ONSONbl together

ensoleillé ONsolay-yay sunny

ensuite ONsweet afterwards

entendre ONtONdr to hear

enterrement m ONtairmON funeral

entier ONteeyay whole

entièrement ONtee-yairmON entirely

entorse f ONtorss sprain

entracte m interval

entraînement m ONtrenmON training

entre ONtr between; among

entrée f ONtray entrance, way in; entrée

entrée à l'avant entry at the front

entrée des artistes stage door

entrée de service tradesman's entrance

entrée gratuite admission free

entrée interdite no admittance, no entry

entrée libre admission free

entrejambe m inside leg measurement; crutch

entrer ONtray to go in; to come in; to enter

vous entrez dans un espace non fumeur you are entering a no smoking area

entrez! ONtray come in!

entrez sans frapper enter without knocking

entrez sans sonner

enter without ringing the bell

envers ONvair to, towards

envie: j'ai envie de ONvee
I feel like

environ ONveerON about

envoi d'un objet recommandé avec/sans avis de réception mailing of a registered item with/without receipt note

envoi recommandé m recorded delivery

envoyer ONvwy-ay to send

épais aypay thick

épaule f aypol shoulder

épeler ayplay to spell

épicerie f aypeesree grocer's

épicerie fine delicatessen

épingle f aypANgl pin

épingle de nourrice duh nooreess safety pin

épouse f aypooz wife

épouser aypoozay to marry

épouvantable aypoovONtabl terrible

épuisé aypweezay exhausted

équipage m aykeepahj crew

équipe f aykeep team

équipements sportifs sporting facilities

équitation f aykeetass-yON horse riding

erreur f air-rurr mistake

éruption f ayrOOps-yON rash

es: tu es ay you are

escale f eskal stop-over

escalier m eskal-yay stairs

escalier roulant roolON escalator

Espagne f españ Spain

espagnol espan-yol Spanish

espèce f type espess

espèce de con! duh kON
you stupid bastard!

espérer espayray to hope

espoir m espwahr hope

esquimau m eskeemo ice cream on a stick, ice lolly

essayer essay-ay to try; to try on

essence f essONss petrol, gas

essieu m ess-yuh axle

essuie-glace m ess-wee-glass windscreen wiper

est: il/elle est ay he/she/it is

est m east

à l'est de east of

est-ce que…? eskuh
(to form questions)

est-ce que vous pensez…?
do you think…?

est-ce qu'il y a…? eskeel ya
is there…?; are there…?

estomac m estoma stomach

et ay and

et… et both… and

étage m aytahj floor

1er étage first floor, (US) second floor

étage inférieur lower floor

étage supérieur upper floor

étang m aytON pond

étant aytON being

état m ayta state

États-Unis mpl ayta zOOnee United States

été *m* aytay summer

été been

éteignez vos phares switch off your lights

éteignez vos veilleuses switch off your sidelights/ parking lights

éteindre aytANdr to switch off

éteint aytAN switched off; out

s'étendre saytONdr to lie down; to extend

éternuer aytairnoo-ay to sneeze

êtes: vous êtes et you are

étiquette *f* label

étoile *f* aytwal star

étonnant aytonON astonishing

étranger *m* aytrONjay foreigner
   à l'étranger abroad

étranger foreign

étranger service prioritaire overseas priority mail

être etr to be

étroit aytrwa narrow; tight

études *fpl* aytood studies

étudiant *m*, **étudiante** *f* aytood-yON, -yONt student

étudier aytood-yay to study

eu oo had

européen urropay-AN European

eux uh them

s'évanouir sayvanweer to faint

évidemment ayveedamON obviously

évident ayveedON obvious

évier *m* ayv-yay sink

exagérer exajayray to exaggerate

examiner exameenay to examine

excédent de bagages *m*

excess baggage

excès de vitesse *m* speeding

s'excuser sexkoozay to apologize

excusez-moi exkoozay mwa
sorry; excuse me

exemple *m* exONpl example

   par exemple for example

exiger exeejay to demand

exigez votre reçu
ask for a receipt

expliquer expleekay to explain

exposition *f* exhibition;
exposure

exprès expray deliberately

   par exprès express
   special delivery

express *m* ordinary fast train

extincteur *m* extANkturr
fire extinguisher

F

fabriqué en/au... made in...

fâché fashay angry

facile fasseel easy

façon *f* fassON way

   de façon que so that

facteur *m* postman

facultatif optional; request

faible febl weak

faim: j'ai faim fAN I'm hungry

faire fair to do; to make

   ça ne fait rien san fay ree-AN
   it doesn't matter

faisons: nous faisons fuhzON
we do; we make

fait: il/elle fait fay he/she/it does;
he/she/it makes

fait did; made

faites: vous faites fet you do;
you make

faites attention! be careful!

faites l'appoint have the right
change ready

**faites vérifier votre niveau
d'huile** have your oil checked

fait main hand-made

falaise *f* falez cliff

falloir falwahr to be necessary

   il va falloir... it will be
   necessary to...

famille *f* fameel family

fard à paupières *m* far a pohp-
yair eye-shadow

fatigué fateegay tired

fauché fohshay broke

fausse fohss wrong

faut: il faut que je/vous...
eel fo kuh I/you must...

faute *f* foht mistake; fault

fauteuil roulant *m* fotuh-ee roolON
wheelchair

faux, *f* fausse fo, fohss wrong

faux numéro wrong number

favori favourite

félicitations! fayleesseetass-yON
congratulations!

femelle fuhmel female

femme *f* fam woman; wife

femme d'affaires dafair
businesswoman

femme de chambre duh shONbr
chambermaid

fenêtre *f* fuhnetr window

fer *m* fair iron

fer à repasser ruhpassay iron

ferai: je ferai fuhray I will do;
I will make

fera: il/elle fera fuhra he/she/it
will do; he/she/it will make

feras: tu feras fuhra you will do;
you will make

ferez: vous ferez fuhray you will
do; you will make

fermé fairmay closed

fermé jusqu'au...
closed until...

fermé le... closed on...

ferme *f* fairm farm

fermer fairmay to close

fermer à clé klay to lock

fermer la grille gree close the
outside door

fermeture annuelle *f* annual
holiday, annual closure

**fermeture automatique
des portes** doors close
automatically

fermeture éclair *f* fairmuhtoor
ayklair zip

**fermeture hebdomadaire le
lundi** closed on Mondays

fermez le volet svp
please close the flap

ferons: nous ferons fuhrON
we will do; we will make

feront: ils/elles feront fuhrON
they will do; they will make

fête *f* fet party; feast day

fête des vendanges vONdONj
grape harvest festival

Travel tip It's hard to beat
the experience of arriving in
a small village and discov-
ering a band playing in a
square decked with stream-
ers and the entire population
out celebrating the feast of
their patron saint. As well
as nationwide celebrations
such as the Fête de la
Musique (around June 21),
Bastille Day (July 14) and
the Assumption of the Virgin
Mary (August 15), numer-
ous local festivals are held
throughout France.

fête de village veelajh village fair

fête nationale 14 July (national
holiday)

feu *m* feu fire

vous avez du feu? voo zavay
doo have you got a light?

feuille *f* fuh-ee leaf

feux arrière *mpl* fuh aree-yair
rear lights

feux d'artifice fireworks

feux de camp interdits
no campfires

feux de position sidelights

feux de signalisation traffic
lights

février fayvree-ay February

fiancé engaged

se fiancer suh fee-ONsay
to get engaged

fibres naturelles natural fibres

ficelle *f* feessel string

fichier *m* feeshee-ay file

fier fee-air proud

fièvre *f* fee-evr fever

   avoir de la fièvre
   to have a temperature

fil *m* feel thread

fil de fer duh fair wire

file *f* feel lane

fille *f* fee girl; daughter

film en VO *m* film in the
   original language

fils *m* feess son

filtre *m* feeltr filter

fin *f* fAN end

fin fine

fin d'autoroute end of motorway

fin de... end of...

fin de série oddment

finir feeneer to finish

fleur *f* flurr flower

fleuriste *m* flurreest florist's

foire *f* fwahr fair

foire à la brocante brokONt
   street market for antiques
   and bric-à-brac

fois *f* fwa time

   une fois once

   à la fois at the same time

folle fol mad

fonctionnaire *m/f* fONks-yonair
   civil servant

fond *m* fON bottom

   au fond de at the bottom of

fond de teint duh tAN
   foundation cream

fonds *m* fON fund; funds

fontaine *f* fONten fountain

font: ils/elles font fON they do;
   they make

footing *m* jogging

forêt *f* foray forest

format MP3 *m* forma em-pay-trwa
   MP3 format

forme: en forme form fit

formellement interdit strictly
   prohibited

formez le... dial...

formidable formeedabl great

formulaire *m* formOOlair form

fort for strong; loud; loudly; very

fou, *f* folle foo, fol mad

foulard *m* foolar scarf

foule *f* fool crowd

foulure *f* foolOOr sprain

four *m* foor oven

fourchette *f* foorshet fork

fournitures de bureau
   office supplies

fourreur *m* furrier

fous: je m'en fous juh mON foo
   I don't give a damn

   fous le camp! kON get lost!

foutre footr to put; to do

   allez vous faire foutre! alay
   voo fair go to hell!

fr (franc) franc

fraîche fresh fresh

frais *mpl* fray charges

frais, *f* fraîche fray, fresh fresh

français frONsay French

Français *m* Frenchman

Française *f* frONsez
   French woman

franc suisse sweess Swiss franc

frapper frapay to hit

frappez avant d'entrer knock before entering

frein *m* frAN brake

frein à main mAN handbrake, parking brake

freiner frenay to brake

frein moteur: utilisez votre frein moteur engage lower gear

frère *m* frair brother

fret *m* fray freight

frigo *m* fridge

frisé freezay curly

froid frwa cold

fromager *m* fromajay, **fromages** fromahj cheese shop

front *m* frON forehead

frontière *f* frONt-yair border

frotter frotay to rub

FrS (franc suisse) CHF, Swiss franc

fuite *f* fweet leak

fumée *f* fOOmay smoke

fumer fOOmay to smoke

fumeurs fOOmurr smokers

fusible *m* fOOzeebl fuse

fusil *m* fOOzee gun

G

gagner gan-yay to win; to earn

galerie *f* gallery; roof rack; circle

galerie d'art dar art gallery

gallois galwa Welsh

gallo-romain civilization following Roman conquest of Gaul

ganterie *f* glove shop

gants *mpl* gON gloves

garçon *m* garson boy; waiter

garder garday to keep

gare *f* gar train station

gare routière root-yair bus station

se garer suh garay to park

gare SNCF ess-en-say-ef French train station

gas-oil *m* diesel

gauche *f* gohsh left

à gauche (de) on the left (of)

gaucher gohshay left-handed

Gaulois Gauls (original inhabitants of France)

gazole *m* diesel

gel *m* jel frost; gel

gelé juhlay frozen

gelée *f* juhlay frost

geler juhlay to be freezing

gélule *f* jaylOOl capsule

gênant jenON embarrassing

gendarme *m* policeman

gendarmerie *f* police station

gendre *m* jONdr son-in-law

gêner jenay to embarrass; to hinder

généralement jaynayralmON generally

généraliste *m/f* jaynayraleest GP, family doctor

génial! jayn-yal great!, fantastic!

genou *m* juhnoo knee

gens *mpl* jON people

gentil jONtee kind; nice

gérant *m* jayrON manager

gilet *m* jeelay cardigan

gilet de corps duh kor vest

gîte *m* jeet rural holiday accommodation

gîte et petit déjeuner ay puhtee dayjuhnay bed and breakfast

glacier *m* glassee-ay ice cream shop; glacier

glissant gleessON slippery

Golfe de Gascogne *m* Bay of Biscay

gomme *f* gom rubber, eraser

gorge *f* gorj throat

goût *m* goo taste

goûter gootay to taste

goûter *m* tea (meal)

gouttes *fpl* goot drops

grâce à grass thanks to

grand grON large; tall; great

Grande-Bretagne *f* grONd-bruhtañ Great Britain

grandes lignes main lines

grande surface *f* sOOrfass superstore

grandes vacances *fpl* grONd vakONss summer holidays

grand magasin *m* magazAN department store

grand-mère *f* grON-mair grandmother

grand-père *m* -pair grandfather

gras *m* gra fat

gras, *f* **grasse** gra, grass greasy

gratuit gratwee free

grave grahv serious; deep

gravillons loose chippings

grec, *f* **grecque** grek Greek

grêle *f* grel hail

grippe *f* greep flu

gris gree grey

gros gro big; fat

grossier gross-yay rude

grotte *f* grot cave

groupe sanguin *m* groop sONgAN blood group

guêpe *f* gep wasp

guère gair hardly

guérir gay-reer to heal, to cure; to recover

guerre *f* gair war

gueule de bois *f* gurl duh bwa hangover

guichet *m* geeshay ticket office; box office; counter

guichet automatique cash dispenser, ATM

guichet fermé position closed

guide touristique *m/f* geed tooreesteek tourist guide

gymnase *m* jeemnaz gymnasium

gynécologue *m/f* jeenaykolog gynaecologist

H

habillé abeeyay formal; dressed

habiller abeeyay to dress

s'habiller to get dressed

habiter abeetay to live

habitude *f* abeetOOd habit

d'habitude usually

habituel abeetOOel usual

s'habituer à sabeetOO-ay
to get used to

haïr a-eer to hate

hall d'arrivée *m* arrival hall,
arrivals

hall (de) départ departures,
departure hall

hall de gare station concourse

halte stop

hameau *m* amo hamlet

hanche *f* ONsh hip

handicapé ONdeekapay disabled

hasard: par hasard azar
by chance

haut o high

  en haut upstairs

hauteur limitée à...
  maximum height...

herbe *f* airb grass

heure *f* urr hour; time

  quelle heure est-il?
  kel urr ayteel what time is it?

  à l'heure on time

  3 heures de l'après-midi
  3pm

  5 heures du matin 5am

  11 heures du soir 11pm

heure limite d'enregistrement
  check-in deadline

heures d'affluence rush hour

heures des levées
  collection times

heures de visite visiting hours

heures d'ouverture
  opening times

heureusement urrurzmON
  fortunately

heureux ur-ruh happy

hexagone: l'hexagone *m*
  France (colloquial name)

hier yair yesterday

hippisme *m* eepeess-muh
  horse-riding

histoire *f* eestwahr history; story

hiver *m* eevair winter

**HLM (habitation à loyer
modéré)** *f* ash-el-em council
flat, public housing unit

hollandais olONday Dutch

homme *m* om man

homme d'affaires dafair
  businessman

hommes om gents, men's room

honnête onet honest

honteux ONtuh ashamed

hôpital *m* opeetal hospital

hoquet *m* okay hiccups

horaire *m* orair timetable,
  schedule

horaire d'ouverture
  opening times

horloge *f* orloj clock

horlogerie *f* watchmaker's

horlogerie-bijouterie
  watchmaker and jeweller's

horodateur *m* parking meter,
  pay and display

hors-bord *m* or-bor outboard
  motorboat

hors de or duh out of

hors saison off season

hors service out of order

hors taxes tax duty-free

hôtel *m* otel hotel

hôtel de ville duh veel town hall, city hall

hôtesse de l'air *f* otess air hostess

huile *f* weel oil

huile solaire suntan oil

huit weet eight

huitième weet-yem eighth

humeur *f* ∞murr mood

humide ∞meed damp

humidité *f* ∞meedeetay dampness

hypermarché *m* eepairmarshay supermarket; hypermarket

I tourist information

ici ee-see here

idée *f* eeday idea

il eel he; it

île *f* eel island

il est interdit de…
… is prohibited

il est interdit de déposer des ordures no litter, no tipping

il est interdit de donner à manger aux animaux
do not feed the animals

il est interdit de marcher sur les pelouses
keep off the grass

il n'y a pas… eel nya pa
there isn't…; there aren't…

il n'y a pas de quoi! duh kwa
don't mention it!

ils eel they

il y a… eelya there is…; there are…

il y a trois jours three days ago

est-ce qu'il y a…? eskeel ya
is there…?; are there…?

imbécile! ANbayseel idiot!

immédiatement eemaydee-atmON immediately

immeuble *m* eemurbl block (of flats); building

impasse dead end

imperméable *m* ANpairmay-abl raincoat

imprimé printed matter

incroyable ANkrwyabl incredible

indicatif *m* ANdeekateef dialling code, area code; country code

indiquer ANdeekay to indicate, to point out

s'infecter sANfektay to become infected

infirmerie *f* ANfeermuhree infirmary

infirmière *f* ANfeerm-yair nurse

informations *fpl* ANformass-yON news; information

informatique *f* ANformateek information technology; computing

informer ANformay to inform

infraction *f* ANfrax-yON offence

insérer le jeton insert token

insérez votre carte
insert your card

insolation *f* ANsolass-yON
sunstroke

insomnie *f* ANsomnee insomnia

institut de beauté *m* ANsteetOO
duh botay beauty salon

instrument de musique *m*
ANstrOOmON duh mOOzeek
musical instrument

insupportable ANsOOportabl
obnoxious

interdiction de... ANtairdeex-yON
no...

interdiction de fumer
no smoking

**interdiction de marcher sur
la voie** do not walk on the
track

**interdiction de parler au
conducteur** do not speak to
the driver

interdiction de stationner
no parking

interdit ANtairdee forbidden,
prohibited

interdit à tous véhicules
no access to any vehicle

**interdit aux forains et aux
nomades** no gypsies

interdit aux mineurs no
admittance to minors

interdit aux moins de... ans
children under... not admitted

interdit aux voyageurs no
access for passengers; staff only

intéressant ANtayressON
interesting

s'intéresser à sANtayressay
to be interested in

intérieur: à l'intérieur
ANtayree-urr inside

interrupteur *m* ANtairOOpturr
switch

intoxication alimentaire *f*
ANtoxeekass-yON aleemONtair
food poisoning

introduire ANtrodweer
to introduce; to insert

**introduire carte ou composer
numéro libre** insert card or
dial freephone number

introduire les pièces ici
insert coins here

introduisez votre pièce ici
insert coin here

invité *m* ANveetay guest

inviter ANveetay to invite

irai: j'irai eeray I will go

ira: il/elle ira eera he/she/it
will go

iras: tu iras eera you will go

irez: vous irez eeray you will go

irlandais eerlONday Irish

Irlande du Nord *f* eerlOND dOO nor
Northern Ireland

irons: nous irons eerON
we will go

iront: ils/elles iront eerON
they will go

issue de secours emergency
exit, fire escape

italien eetalyAN Italian

itinéraire *m* eeteenayrair route

itinéraire bis alternative route

itinéraire conseillé
recommended route

itinéraire de délestage
alternative route

itinéraire obligatoire
compulsory route (for heavy
vehicles etc)

ivre eevr drunk

ivresse *f* eevress drunkenness

J

jaloux jaloo jealous

jamais jamay never; ever

jambe *f* jONb leg

janvier jONvee-ay January

jardin *m* jardAN garden

jardin public public gardens,
park

jardin zoologique zoo

jauge *f* johj gauge

jaune jo-n yellow

je juh I

jean *m* jeans

j'écoute jaykoot speaking

jetable juhtahbl disposable

jeter juhtay to throw (away)

jeton *m* juhtON token

jeu *m* juh game

jeu de société board game

jeudi juhdee Thursday

jeun: le matin à jeun first thing
in the morning on an empty
stomach

jeune jurn young

jeune femme *f* fam
young woman

jeune fille *f* fee girl

jeune homme *m* om young man

jeux *mpl* juh games

jeux électroniques
computer games

**jeux interdits aux moins de 16
ans** use of gaming machines
forbidden for those under 16

joindre jwANdr to join

joli jolee pretty

jouer joo-ay to play

jouet *m* joo-ay toy

jour *m* joor day

jour férié fayree-ay public holiday

journal *m* joornal newspaper

journaux newspapers, stationer

journée *f* joornay day

journée continue open all day

journées à tarif réduit
cheap travel days

jours de semaine uniquement
weekdays only

jours impairs odd dates of the
month (parking allowed)

jours ouvrables weekdays

jours pairs/impairs parking
allowed only on even/odd days
of the month

joyeuses Pâques! jwy-urz pak
happy Easter!

juif, *f* juive jweef, jweev Jewish

juillet jwee-yay July

juin jwAN June

juive jweev Jewish

jumeaux *mpl* jOOmo twins

jumelé jOOmuhlay twinned

jumelles *fpl* jOOmel binoculars;
twins

jupe *f* jOOp skirt

jupon *m* jOOpON petticoat

jusqu'à (ce que) jOOska(ss kuh) until

jusque jOOsk up to, as far as; till

juste jOOst fair; right

K

kermesse *f* kairmess fair

kiosque à journaux *m* newspaper stand

klaxon *m* horn

klaxonner klaxonay to hoot

K-way *m* ka-way cagoule

L

l' the; him; her; it

la the; her; it

là la there

là-bas laba over there

lac *m* lake

lacets *mpl* lassay shoe laces

laid lay ugly

laine *f* len wool

laisser lessay to let; to leave

lait *m* lay milk

laiterie dairy (Switzerland)

lait solaire solair suntan lotion

lame de rasoir *f* lahm duh razwahr razor blade

lampe de poche *f* lONp duh posh torch, flashlight

lancer lONsay to throw

landau *m* lONdo pram

langue *f* lON-g tongue; language

laque *f* lak hair spray

laquelle lakel which one

large larj wide

lavabo *m* washbasin

lavage à la main hand wash

lavage du pare-brise screen wash

lave-auto *m* lav-oto car wash

laver lavay to wash

se laver to wash, to have a wash

laverie automatique *f* lavree otomateek launderette, laundromat

> **Travel tip** Self-service laundries are common in French towns – just ask at your hotel or the tourist office, or look in the phone book. Machines are graded for different wash sizes; a 7kg load, for example, will cost around €4. Most hotels forbid doing laundry in your room, though you should get away with just one or two items.

laver séparément wash separately

lave-vaisselle *m* lav-vess-el dish washer

lavoir *m* lavwahr wash house

lavomatic *m* launderette, laundromat

layette *f* babywear

le luh the; him; it

leçon *f* luhsON lesson

lendemain *m* lONduhmAN
the next day

lent lON slow

lentement lONtuhmON slowly

lentilles de contact *fpl* lONtee
duh contact lenses

lentilles dures dOOr hard lenses

lentilles semi-rigides -reejeed
gas-permeable lenses

lentilles souples soopl
soft lenses

lequel luhkel which one

les lay the; them

lesquel(le)s laykel which ones

lessive *f* lesseev washing powder;
washing

faire la lessive
to do the washing

lettre *f* letr letter

leur lurr their; (to) them

le/la leur theirs

leurs lurr their

les leurs theirs

lever luhvay to lift, to raise

se lever to get up

levier de vitesses *m* luhv-yay
duh veetess gear lever

lèvre *f* levr lip

lézard *m* layzar lizard

**libellez votre chèque à l'ordre
de...** please make out your
cheque to...

librairie *f* leebrairee bookshop,
bookstore

libre leebr free, vacant

libre-service self-service

libre-service bancaire
autobank, ATM

lieu *m* l-yuh place

ligne *f* leeñ line

   en ligne ON leeñ online

   la ligne est encombrée
   the line is busy

lignes de banlieue
   suburban lines

lime à ongles *f* leem a ONgl
   nailfile

limitation de vitesse *f*
   leemeetass-yON duh veetess
   speed limit

limite de validité des billets
   expiry of validity of tickets

lin *m* lAN linen

linge de maison *m* lANj duh
   mezzON household linen

lingerie *f* underwear

linge sale *m* lANj sal laundry

lire leer to read

liste *f* leest list

lit *m* lee bed

lit de camp kON campbed

lit d'enfant dONfON cot

literie *f* leetuhree bedding

lit pour deux personnes
   duh pairson double bed

lit pour une personne
   OOn single bed

lits superposés *mpl* lee
   sOOpairpozay bunk beds

living *m* living room

livraison *f* leevrezzON delivery

livraison à domicile
   home deliveries

livraisons interdites de... à...
   no deliveries between... and...

livre *f* leevr pound

livre *m* book

livres et journaux books and
   newspapers

livre sterling *f* pound sterling

localité *f* lokaleetay place

location *f* lokass-yON rental;
   theatre tickets

location à la semaine
   charge per week

location de... ... for hire

location de bateaux bato
   boat hire

location de vélos vaylo
   bicycles for hire/rent

location de voitures vwatOOr
   car hire/rental

loft *m* warehouse conversion

logement *m* lojmON
   accommodation

loger lojay to stay

loges des artistes
   artists' dressing rooms

logiciel *m* lojeess-yel software

loi *f* lwa law

loin lwAN far away

   plus loin further

loisirs *mpl* lwazeer free time,
   leisure

Londres lONdr London

long, f longue lON, lON-g long

longtemps lONtON a long time

longue lON-g long

longueur *f* lONgurr length

lorsque lorskuh when

louer loo-ay to rent

à louer to let, for rent,
for hire

lourd loor heavy; rich; muggy

loyer *m* lwy-ay rent

lui lwee him; to him; to her

lui-même -mem himself;
speaking

lumière *f* loom-yair light

lundi lANdee Monday

lune *f* loon moon

lunettes *fpl* loonet glasses

lunettes de soleil duh solay
sunglasses

lycée *m* leessay secondary
school

M

M, Mᵒ (métro) underground

M (Monsieur) Mr

m' (to) me; myself

ma my

machine à écrire *f* aykreer
typewriter

machine à laver lavay
washing machine

mâchoire *f* mashwahr jaw

Mademoiselle mad-mwazel Miss

magasin *m* magazAN shop, store

magasin d'alimentation
grocery store

magasin de chaussures
shoe shop

magasin de disques
record shop

magasin de vins et spiritueux
off-licence, liquor store

magasin diététique
health food store

magnétoscope *m* man-yaytoskop
video recorder

mai may May

maigre megr skinny

maigrir megreer to lose weight

maillot de bain *m* my-o duh bAN
swimming costume

main *f* mAN hand

maintenant mANtnON now

mairie *f* mairee town hall

mais may but

maison *f* mezzON house

  à la maison at home

  **la maison n'accepte pas
  les chèques** we do not
  accept cheques

  la maison ne fait pas crédit
  we do not give credit

maison de la culture
arts centre

maison des jeunes youth club

maison d'hôtes doht
guesthouse

mal *m* pain; trouble; harm

mal badly; wrongly

  se faire mal à la main
  to hurt one's hand

  avoir mal au cœur
  to feel sick

  ça fait mal it hurts

malade malad ill

maladie *f* maladee disease

mal de gorge *m* gorj sore throat

mal de mer duh mair
seasickness

mal de tête tet headache

mal d'oreilles doray earache

mal du pays payee
homesickness

mâle mahl male

malentendu m malONtONdoo
misunderstanding

malgré malgray in spite of

malheureusement
malurr-urzmON unfortunately

maman f mamON mum

Manche f mONsh
English Channel

manche f sleeve

mandat postal m mONda poss-tal
postal order

manette du signal d'alarme
pull for alarm

manger mONjay to eat

manquer mONkay to miss

... me manque muh mONk
I miss...

manteau m mONto coat

manuel de conversation m
manOOel duh konvairsass-yON
phrase book

maquillage m makee-ahj
make-up

se maquiller makee-ay
to put one's make-up on

marchand m marshON
shopkeeper; merchant; dealer

marchand de légumes
greengrocer

marchand de vins
wine merchant

**marchandise: les
marchandises dangereuses**

sont interdites dangerous
items are prohibited

marche f marsh walking; step;
march; running, working

marché m marshay market

Travel tip Every French town
worth its salt holds at least
one market a week. These
tend to be vibrant morning
affairs when local producers
gather to sell speciality goods
such as honey, cheese and
alcohol, alongside excellent
quality vegetable, meat and
fish stalls.

---

marche arrière aree-air
reverse gear

marcher marshay to walk;
to work, to function

ça marche? OK?

mardi mardee Tuesday

marée f maray tide

mari m maree husband

mariage m maree-ahj wedding

marié maree-ay married

se marier (avec) suh maree-ay
to get married (to), to marry

maroquinerie f leather goods

marque déposée registered
trademark

marrant marON funny

marre: j'en ai marre (de) jON ay
mar I'm fed up (with)

marron marON brown

mars marss March

marteau m marto hammer

massepain *m* massuhpAN
marzipan

matelas *m* matuhla mattress

matin *m* matAN morning

   le matin in the morning

mauvais mo-vay bad

maux de dents *mpl* mo duh dON
toothache

maux d'estomac stomach ache

me muh me; to me; myself

mec *m* bloke, guy

mécanicien *m* maykaneess-yAN
mechanic

mèches *fpl* mesh highlights

médecin *m* maydsAN doctor

médicament *m* maydeekamON
medicine

Méditerranée *f* maydeetairanay
Mediterranean

méduse *f* maydOOz jellyfish

meilleur mayurr better

   le meilleur the best

   meilleur que better than

meilleurs vœux! vuh
best wishes!

mélanger maylONjay to mix

même mem even; same

   le/la même the same

ménage: faire le ménage
maynahj to do the housework

mener muhnay to lead

menhir *m* mayneer standing stone

mentir mONteer to lie

menton *m* mONtON chin

menu à... € set menu costing...
euros

mer *f* mair sea

mercerie *f* haberdasher's, (US)
notions store

merci mairsee thank you;
no thank you

merci beaucoup bo-koo
thank you very much

merci de votre visite
thanks for your visit

merci, pareillement paraymON
thank you, the same to you

mercredi mairkruhdee
Wednesday

merde! maird shit!

mère *f* mair mother

merveilleux mairvay-uh
wonderful

mes may my

messe *f* mess mass

messieurs mess-yuh gentlemen;
gents, men's rest room

mesure *f* muhzOOr measure

   à mesure que as

   sur mesure to measure

météo *f* maytay-o weather
forecast

métier *m* maytee-ay job

mètre *m* metr metre

métro *m* maytro underground,
subway

mettre metr to put

   se mettre à to begin to

meublé *m* murblay furnished
accommodation

meubles *mpl* murbl furniture

Midi *m* South of France

midi *m* midday

mien: le mien luh m-yAN mine

mienne: la mienne m-yen mine

mien(ne)s: les mien(ne)s m-yAN, m-yen mine

mieux m-yuh better

le mieux (the) best

mignon, mignonne meen-yON, meen-yon sweet, cute

milieu m meel-yuh middle

mille m meel thousand

million f meel-yON million

mince mANss thin

minuit m meen-wee midnight

miroir m meer-wahr mirror

mis mee put

mise en fourrière immédiate illegally parked cars will be removed

mise en marche automatique, placez vos mains sous le volet starts automatically, place your hands under the flap

Mlle (Mademoiselle) Miss

Mme (Madame) Mrs

mobylette f mobeelet moped

mode f mod fashion

à la mode fashionable

mode d'emploi directions for use

modèle m mo-del model; design; style

modes ladies' fashions

moi mwa me

moi-même mwa-mem myself

moindre mwANdr smaller; less; lesser

le moindre the smallest; the slightest

moins: à moins que mwAN kuh unless

au moins at least 0

moins (de) less

le moins (the) least

mois m mwa month

moitié f mwatee-ay half

à moitié prix pree half-price

molle mol soft

mollet m molay calf

mon mON my

monde m mOnd world

tout le monde too luh everyone

moniteur m, **monitrice** f moneeturr, -treess instructor

monnaie f monay change

monsieur m muhss-yuh gentleman, man

Monsieur sir

montagne f mONtañ mountain

montant m mONtON amount

montant exact exact change

monter mONtay to go up; to get in

montre f mONtr watch

montrer mONtray to show

monument aux morts war memorial

moquette f moket carpet

morceau m morso piece

mordre to bite

morsure f morsOOr bite

mort f mor death

mort dead

mosquée f moskay mosque

mot m mo word

mot de passe m duh pass
password

moteur m moturr engine

moto f motorbike

mou, f molle moo, mol soft

mouche f moosh fly

mouchoir m moosh-wahr
handkerchief

mouillé mooyay wet

mourir mooreer to die

mousse à raser f razay shaving
foam

moustique m moosteek
mosquito

mouton m mootON sheep

mur m mOOr wall

mûr mOOr ripe

musée m mOOzay museum;
art gallery

musée d'art dar art gallery

muséum m mOOzay-om natural
history museum

musique f mOOzeek music

musulman mOOzOOlmON Muslim

myope mee-op shortsighted

N

nager nahjay to swim

naître netr to be born

nana f bird, girl

nappe f nap tablecloth

natation f natass-yON swimming

nationalité f nass-yonaleetay
nationality

nature f natOOr nature

yaourt nature natural yoghurt

naturel natOOrel natural

naturellement natOOrelmON
naturally, of course

navette f navet shuttle service

navette de l'aéroport
airport bus

ND (Notre Dame) Our Lady

né born

néanmoins nay-ONmwAN
nevertheless

ne... aucun nuh... okAN
no, not any, none

nécessaire naysessair necessary

négatif m naygateef negative

ne... guère gair hardly

neige f nej snow

neiger nejay to snow

ne... jamais jamay never

ne... ni neither... nor

ne... nulle part nOOl par
nowhere, not... anywhere

ne... pas pa not

ne pas... do not...

ne pas affranchir freepost,
do not affix stamp

ne pas avaler do not swallow

ne pas congeler do not freeze

ne pas dépasser...
comprimés par jour do not
take more than... tablets a day

ne pas dépasser la dose
prescrite do not exceed the
prescribed dose

ne pas déranger do not disturb

ne pas essorer do not spin dry

ne pas laisser à la portée des enfants keep out of the reach of children

ne pas repasser do not iron

ne pas se pencher au dehors do not lean out of the window

ne pas se pencher par la fenêtre do not lean out of the window

ne pas... sous peine d'amende... will be fined

ne pas tordre do not wring

ne pas toucher à... do not touch...

ne... personne pairson nobody, not anybody

ne... plus plꝏ no more, no longer

ne... que kuh only

ne quittez pas nuh keetay pa hold the line, hold on

ne... rien ree-AN nothing, not anything

ne rien jeter dans les WC do not flush objects down the toilet

ne rien jeter par la fenêtre do not throw anything out of the window

ne tirer la poignée qu'en cas de danger pull handle only in case of emergency

nerveux nairvuh nervous

n'est-ce pas? ness-pa didn't he/she/it?; isn't it?; isn't that so?

nettoyage à sec dry cleaning; dry clean only

nettoyer net-wy-ay to clean

neuf, *f* **neuve** nuhf, nuhv new

neuf nine

neveu *m* nuhvuh nephew

neuvième nuhv-yem ninth

névralgies headaches

névrosé nayvrozay neurotic

nez *m* nay nose

ni neither

ni... ni... neither... nor...

nids-de-poule potholes

nièce *f* nee-ess niece

nocturne late night opening

Noël no-el Christmas

noir nwahr black

noir et blanc black and white

nom *m* nON name

nom de famille duh famee surname, family name

nom de jeune fille jurn fee maiden name

nommer: se nommer suh nomay to be called

non nON no; not

non-fumeurs -fꝏmurr no smoking

non merci mairsee no thank you

nord *m* nor north

au nord de north of

nos no our

note *f* not bill; note

notez le numéro de votre emplacement make a note of the number of your parking space

notre notr our

nôtre: le/la nôtre luh/la nohtr
ours

nôtres: les nôtres ours

n'oubliez pas de composter votre billet do not forget to punch/validate your ticket

n'oubliez pas le guide don't forget to tip the guide

n'oubliez pas votre reçu don't forget your receipt

nourriture *f* nooreetoor food

nous noo we; (to) us

nous acceptons les cartes de crédit credit cards welcome

nous n'acceptons pas les chèques cheques not accepted

nouveau, *f* nouvelle noovo, -vel new

de nouveau again

Nouvel An *m* ON New Year

nouvelle noovel new

nouvelles *fpl* noovel news

novembre no-vONbr November

nu noo naked

nuage *m* noo-ahj cloud

nuageux noo-ahjuh cloudy

nuit *f* nwee night

nul nool no; lousy

nulle part nool par nowhere

numéro *m* noomayro number

numéro de téléphone phone number

numéro direct direct dialling

numérotez dial

numéro vert freephone

nu-pieds *mpl* noo-p-yay flip-flops

O

objectif *m* objekteef lens; objective

objets trouvés *mpl* objay troovay lost property office, lost and found

objets volumineux large parcels/packages

oblitérez votre billet punch your ticket

obtenir obtuhneer to get

obturateur *m* obtooraturr shutter

occasion *f* okaz-yON opportunity; occasion; bargain

d'occasion second-hand

occupé okoopay engaged; occupied; busy

s'occuper de sokoopay to take care of

octobre oktobr October

oculiste *m/f* eye specialist

odeur *f* odurr smell

œil *m* uh-ee eye

office à... service at...

office du tourisme tourist office

offre spéciale special offer

offrir ofreer to offer; to give

oiseau *m* wazo bird

ombre *f* ONbr shade

à l'ombre in the shade

ombre à paupières pohp-yair eye shadow

on ON one; someone; you; they; people; we

oncle *m* ONkl uncle

ondulé ONd00lay wavy

ongle *m* ONgl nail

ont: ils/elles ont ON they have

onze ONz eleven

opérer opayray to operate

ophtalmologue *m/f*
ophthalmologist

opticien *m* opteess-yAN optician

optimiste optimistic

optique optician's

or *m* gold

or massif solid gold

orage *m* orahj thunderstorm

orageux orahjuh stormy

orchestre *m* orkestr orchestra;
stalls

ordinaire ordeenair ordinary;
equivalent of two-star petrol

ordinateur *m* ordeenaturr
computer

ordinateur portable *m* portahbl
laptop

ordonnance *f* ordonONss
prescription

ordures *fpl* ord00r litter; refuse;
filth

oreille *f* oray ear

oreiller *m* oray-yay pillow

oreillons *mpl* orayON mumps

organiser organeezay to organize

orteil *m* ortay toe

os *m* oss bone

oser ozay to dare

ou 00 or

   ou bien b-yAN or else

où 00 where

oublier ooblee-ay to forget

ouest *m* west west

   à l'ouest de west of

oui wee yes

outil *m* ootee tool

ouvert oovair open

ouvert de... à... open from...
to...

ouverture *f* oovairt00r opening

ouverture des guichets
hours of opening

ouvre-boîte *m* oovr-bwat
tin-opener

ouvre-bouteille *m* -bootay
bottle-opener

ouvreuse *f* oovrurz usherette

ouvrier *m* oovree-ay (factory) worker

ouvrir oovreer to open

ouvrir ici open here

P

pages jaunes *fpl* pahj jo-n yellow pages

paire *f* pair pair

palais *m* palay palace

pâle pahl pale

panier *m* pan-yay basket

panier (à provisions) shopping basket

panne *f* pan breakdown

en panne ON out of order; broken down

tomber en panne tONbay to break down

panneau de signalisation *m* roadsign

pansement *m* pONssmON bandage

pansement adhésif adayzeef Elastoplast, Bandaid

panser pONsay to dress

pantalon *m* pONtalON trousers, (US) pants

pantoufles *fpl* pONtoofl slippers

papa *m* dad

papeterie *f* stationer's; stationery

papier *m* pap-yay paper

papier à lettres writing paper

papier collant kolON Sellotape, Scotch tape

papier d'aluminium dalOOmeenee-um aluminium foil

papier d'emballage dONbalahj wrapping paper

papier hygiénique eejee-ayneek toilet paper

papiers papers; litter

papiers, s'il vous plaît your identity papers, please

papillon *m* papee-yON butterfly

Pâques pak Easter

paquet *m* pakay package, packet

par by; through

parachute ascensionnel *m* assONsee-onel parascending

parachutisme *m* parachuting

parages: dans les parages dON lay parahj in the vicinity

paraître paretr to seem; to come out, to be published

parapluie *m* paraplwee umbrella

parc *m* park

parce que parss-kuh because

parcmètre *m* parking meter

parcotrain *m* parking for train users

pardessus *m* par-duhsOO overcoat

par-dessus over

par-dessous -duhsoo under

pardon par-dON excuse me, pardon (me); thank you

pare-brise *m* par-breez windscreen

pare-chocs *m* -shok bumper

parents *mpl* parON parents; relatives

paresseux paressuh lazy

parfait parfay perfect

parfois parfwa sometimes

parfum *m* parfAN perfume

parfumerie *f* perfume and cosmetics shop

parking *m* parkeeng car park, parking lot

parking à étages aytahj multi-storey car park, parking garage

parking courte durée short-term car park

parking longue durée long-term car park

parking non gardé unsupervised parking

parking payant paying car park

parking privé private car park

parking public public car park

parking réservé aux clients de l'hôtel parking for hotel guests only

parking souterrain underground car park

parking surveillé car park with attendant

parler parlay to speak

parler ici talk here

parmi among

pars: je/tu pars par I/you leave, I/you go away

part *f* par piece; share

  à part except

  de la part de from; on behalf of

  de la part de qui? duh kee who shall I say is calling?

partager partahjay to share

parterre *m* stalls

partir parteer to leave

partout partoo everywhere

pas pa not

pas de... no...

pas de remboursement we cannot give cash refunds

pas encore not yet

passage à niveau *m* passahj a neevo level crossing, railroad crossing

passage à niveau gardé/non gardé manned/unmanned level crossing

passage clouté pedestrian crossing

passage interdit no entry

passage piétons pedestrian crossing

> Travel tip Take great care when crossing roads, as many French drivers pay little heed to pedestrian crossings. Never step onto a crossing assuming that drivers will stop and be wary at traffic lights, even when the green man is showing.

passage protégé priority road

passager *m* passahjay passenger

passage souterrain underpass

passeport *m* pass-por passport

passer passay to pass

  qu'est-ce qui se passe? keskee suh pass what's happening?

passer par to go through

passerelle *f* gangway

passe-temps *m* pass-tON

pastime

passionnant pass-yonON exciting

passionné de pass-yonay
very keen on

pastilles pour la gorge fpl
pastee poor la gorj
throat pastilles

patientez svp please wait

patinage m pateenahj skating

patiner pateenay to skate

patinoire f pateenwahr ice rink

patins à glace mpl patAN a glass
ice skates

patron m pa-trON boss; owner

pauvre pohvr poor

payer pay-ay to pay

payer comptant to pay cash

payez à la caisse pay at the
cash desk

payez à la sortie pay on your
way out

payez à l'ordre de…
payable to…

payez ici pay here

pays m payee country

paysage m payee-zahj scenery

Pays de Galles m payee duh gal
Wales

PCV m pay-say-vay collect call,
reverse charge call

péage m payahj toll

peau f po skin

pêche f pesh fishing; peach

pêche interdite no fishing

pêcher peshay to fish

pêche sous-marine
underwater fishing

peigne m peñ comb

se peigner suh pen-yay to comb
one's hair

peindre pANdr paint

peine: à peine pen hardly

  ce n'est pas la peine it's not
  worth it; it's not necessary

peinture f pANtOOr painting

peinture fraîche wet paint

pelle f pel spade

pellicule f film

pelouse f puhlooz lawn

pénalité pour abus
penalty for misuse

pendant pONdON during

pendant que while

penser pONsay to think

pension f pONs-yON guesthouse

pension complète kONplet
full board

pension de famille guesthouse

pente f pONt slope

perdre pairdr to lose

  se perdre to get lost

père m pair father

périphérique m payreefayreek
ring road

permanente f pairmanONt perm

permettre pairmetr to allow

permis pairmee allowed

permis de conduire m duh
kONdweer driving licence,
driver's license

perruque f pairOOk wig

personne f pairson person

personne nobody

personne ne sait... nobody knows...

personnes handicapées disabled

peser puhzay to weigh

pétanque f paytONk French bowling game

petit puhtee small

petit ami m tamee boyfriend

petit déjeuner m dayjuhnay breakfast

petite amie f tamee girlfriend

petite cuillère f teaspoon

petite-fille f puhteet-fee granddaughter

petit-fils m puhtee-feess grandson

petits-enfants mpl puhtee-zONfON grandchildren

peu: peu de... puh few...
un peu (de) a bit (of)

peur f purr fear
de peur que for fear that
j'ai peur (de) I'm afraid (of)

peut-être puht-etr maybe

peut: il/elle peut puh he/she/ it can
il peut y avoir... there may be...

peuvent: ils/elles peuvent puhv they can

peux: je/tu peux puh I/you can

phallocrate m falokrat male chauvinist pig

phare m far headlight; lighthouse

phare antibrouillard ONtee-broo- yar fog lamp

pharmacie f farmassee chemist's,

pharmacy

pharmacie de garde duty chemist/pharmacy, late-night chemist

pharmacie de service duty chemist

photographe m photographer; camera shop

photographie f foto-grafee photograph

photographier foto-grafyay to photograph

photomètre m foto-metr light meter

pièce f p-yess coin; room; part
la pièce each, apiece

pièce de théâtre duh tay-atr play

pièces de rechange ruhshONj spare parts

pièces détachées daytashay parts

pièces rejetées reject coins

pied m p-yay foot
à pied on foot

pierre f stone

piéton m p-yaytON pedestrian
piétons passez en deux temps pedestrians cross in two stages

pile f peel battery; pile

pilote m peelot pilot

pilule f peelOOl pill

pince f pANss pliers; clip

pince à épiler aypeelay tweezers

pince à linge IANj clothes peg

pince à ongles ONgl nail clippers

pinceau m pANso paint brush

piquant peekON hot, spicy

piquer peekay to sting

piqûre f peekœr injection; bite

piqûre d'insecte dANsekt
insect bite

pire peer worse

le pire worst

piscine f peesseen
swimming pool

pissoir m public urinal

piste balisée f baleezay
marked ski path

piste cyclable seeklabl
cycle path

piste de ski ski track, piste

piste pour débutants daybootON
nursery slope

place f plass seat; square

place principale prANseepal
main square

placer plassay to place

place réservée aux...
this seat is intended for...

place(s) assise(s) seat(s)

places debout standing
passengers

places libres spaces free
(in car park)

plafond m plafON ceiling

plage f plahj beach

plaindre: se plaindre suh plANdr
to complain

plaire plair to please

plaisanterie f plezzONtree joke

plaît: s'il vous plaît seel voo play
please

plan m plON map

planche de surf f plONsh
surfboard

planche à voile vwal sailboard

plancher m plONshay floor

plan de métro underground
map

plan de ville map of the town

plan du quartier map of the
district

plan du réseau network map

planning familial m pla-neeng
family planning

plante f plONt plant

plaque minéralogique f
meenayralojeek number plate

plat m pla dish

plat flat

plateau m tray

plateaux-repas light meals
served on trays

plâtre m plaster; plaster cast

plats à emporter
take-away meals

plein plAN full

faire le plein to fill up

pleurer plurray to cry

pleut: il pleut pluh it's raining

pleuvoir pluhvwahr to rain

plombage m plONbahj filling

plombier m plumber

plongée f plONjay diving

plongée interdite no diving

plongée sous-marine
skin-diving

plonger plONjay to dive

pluie f plwee rain

plupart: la plupart de plOOpar

duh most of

plus ploo more

   plus jamais never again

   plus de... more; no more...

   plus... que ...-er than

   le plus plooss (the) most

plusieurs plooz-yurr several

plutôt plooto rather

pluvieux ploov-yuh rainy

PMU betting on horses

pneu *m* p-nuh tyre

pneu crevé kruhvay flat tyre

pneu de rechange duh ruhshoNj spare tyre

poche *f* posh pocket

poche en plastique plastic bag

poêle *f* pwal frying pan

poids *m* pwa weight

poids lourds pwa loor heavy goods vehicles

poids maximum maximum weight

poids net net weight

poignée *f* pwan-yay handle

poignet *m* pwan-yay wrist

point de rencontre *m* pwAN duh roNkoNtr meeting point

point de vue voo viewpoint

point noir accident blackspot; blackhead

point panoramique viewpoint

point phone pay-phone

pointure *f* pwANtoor shoe size

poissonnerie *f* fishmonger

poitrine *f* pwatreen chest; breast

poli polee polite

police *f* police

police de l'aéroport airport police

police de la route traffic police

police du port harbour police

police secours emergency police

politique *f* politics

politique political

pollué poloo-ay polluted

pommade *f* pomahd ointment

pompiers *mpl* poNp-yay fire brigade

poney *m* pony

pont *m* poN bridge; deck

pont à péage payahj toll bridge

portable (téléphone) *m* portahbl mobile (phone), cell (phone)

port de pêche *m* por duh pesh fishing port

porte *f* port door; gate

porte-bébé *m* -baybay carry-cot

portefeuille *m* portfuh-ee wallet

porte-jarretelles *fpl* suspenders

porte-monnaie *m* port-monay purse

porter portay to carry

   bien se porter to be well

portes automatiques automatic gates

portier *m* port-yay porter

portière *f* port-yair door

portillon automatique *m* automatic gate

posologie directions for use, dosage

posséder possayday to own;

to possess

poste f posst post office

poste de police m police station

poster posstay to post

poste restante poste restante,
(US) general delivery

pot m po jug

pot d'échappement
dayshapmON exhaust

poterie f potree pottery

poubelle f poobel dustbin

poudre f poodr powder

pouls m pulse

poumons mpl poomON lungs

poupée f poopay doll

pour poor for; to

pourboire m poorbwahr tip

pourboire interdit
please do not tip

Travel tip At restaurants you
only need to leave an extra
cash tip if you feel you've
received service out of the
ordinary, since prices always
include a service charge. It's
customary, however, to tip
porters, tour guides, taxi driv-
ers and hairdressers a couple
of euros.

pour cent sON per cent

pour entrer..., to enter...

pour ouvrir appuyer
push to open

pour que kuh in order that,
so that

pourquoi poorkwa why

pourrai: je pourrai pooray
I will be able

pourra: il/elle pourra poora
he/she/it will be able

pourras: tu pourras poora
you will be able

pourrez: vous pourrez pooray
you will be able

pourri pooree rotten

pourrons: nous pourrons
poorON we will be able

pourront: ils/elles pourront
poorON they will be able

pourtant poortON however

**pour tous renseignements,
s'adresser à...** for enquiries,
please see...

pourvu que poorvOO kuh
provided that

pousser poossay to push

poussette f pushchair

poussez poossay push

pouvoir m poovwahr power

pouvoir to be able to

pratique practical

précautions d'emploi
instructions for use

préfecture f prayfektOOr regional
administrative headquarters

préfecture de police police
headquarters

préféré prayfayray favourite

préférence f prayfayrONss
preference

préférer prayfayray to prefer

premier m pruhm-yay first floor;
(US) second floor

premier first

première *f* first class; première

premier étage first floor, (US) second floor

premiers secours *mpl* pruhm-yay suhkoor first aid

premiers soins swan first aid

prendre proNdr to take; to catch

à prendre à jeun to be taken on an empty stomach

à prendre après les repas to be taken after meals

à prendre au coucher to be taken at bedtime

à prendre avant le coucher to be taken before going to bed

à prendre avant les repas to be taken before meals

à prendre… fois par jour to be taken… times a day

prendre… comprimés à la fois take… pills at a time

prendre… comprimés… fois par jour take… pills… times a day

prenez: vous prenez pruhnay you take

prenez un caddy take a trolley/cart

prenez un chariot take a trolley/cart

prenez un jeton à la caisse buy a token at the cash desk

prenez un panier take a basket

prenez un ticket take a ticket

prénom *m* praynoN Christian name, first name

prenons: nous prenons
pruhnoN we take

préparer prayparay to prepare, to get ready

préparez votre monnaie have your change ready

presbyte prezbeet long-sighted

prescrire preskreer to prescribe

près de pray duh near

présenter prayzoNtay to introduce; to present

préservatif *m* prayzairvateef condom

presque presk almost

pressing *m* dry-cleaner's

pression *f* press-yoN pressure; draught beer

pression de l'air air pressure

pression des pneus tyre pressure

prêt pray ready

prêt-à-porter ready-to-wear clothes

prêter pretay to lend

prêtre *m* pretr priest

prier pree-ay to ask; to pray

je vous en prie juh voo zoN pree don't mention it, you're welcome

prière *f* pree-air prayer

prière de… please…

prière de frapper avant d'entrer please knock before entering

prière de ne pas déranger please do not disturb

prière de ne pas faire de bruit après 22 heures please do not make any noise after 10pm

prière de ne pas fumer
please do not smoke

prière de ne pas toucher
please do not touch

prière de refermer la porte
please close the door

**prière de s'essuyer les pieds
avant d'entrer** please wipe
your feet before entering

**prière de tenir les chiens en
laisse** please keep dogs on
a lead

primeurs fruit shop,
greengrocer's

principal prANseepal main

printemps *m* prANtON spring

prioritaire pree-oreetair
priority; priority-rate;
having right of way

priorité *f* pree-oreetay right of
way; priority

priorité à droite right of way for
traffic coming from the right

pris pree taken

prise *f* preez plug; socket

prise en charge
minimum charge

prise multiple mOOlteepl adaptor

privé preevay private

prix *m* pree price; fee; prize

prix cassés reduced prices

prix coûtant at cost price

prix des places ticket prices

prix par jour price per day

prix par personne
price per person

prix par semaine
price per week

prix réduit reduced price

prix sacrifiés prices slashed

probablement prob-abluhmON
probably

prochain proshAN next

à la prochaine proshen
see you soon

prochaine levée next collection

prochaine séance à... heures
next performance at...

produits de beauté cosmetics

produits d'entretien household
cleaning materials

produits naturels health food

produit toxique poison

professeur *m* professurr teacher;
lecturer; professor

profond profON deep

profondeur *f* profONdurr depth

promenade *f* walk

promenades à cheval
horse riding

promener: aller se promener
alay suh promnay
to go for a walk

promettre prometr to promise

promotion: en promotion
on special offer

prononcer pronONsay
to pronounce

propre propr clean; own

propriétaire *m/f* propee-aytair
owner

propriété privée
private property

propriété privée défense d'entrer private property, keep out; no trespassing

prospectus *m* brochure

protège-couches *mpl* protej-koosh nappy-liners

protéger protejay to protect

provenance: en provenance de (arriving) from

prudence *f* prOOdoNss caution

prudent prOOdoN careful

P & T (Postes et Télécommunications) post office (with telephone)

PTT (Postes, Télégraphes, Téléphones) pay-tay-tay post office (with telephone)

pu: il a pu pOO he was able to

public *m* pOObleek audience; public

puce *f* pOOss flea

puis pwee then

puisque pweess-kuh since

pull(over) *m* sweater

pure laine vierge pure new wool

puzzle *m* pOOsl jigsaw

PV (procès verbal) *m* pay-vay parking ticket

Q

quai *m* kay platform; track; quay

quand kON when

quand même mem anyway; all the same

quant à kONta as for

quarante karONt forty

quart *m* kar quarter

quartier *m* kart-yay district

quatorze katorz fourteen

quatre katr four

quatre-vingt-dix katr-vAN-deess ninety

quatre-vingts katr-vAN eighty

quatrième katree-em fourth

que kuh that; what; than; who(m); which

   que...? what...?

   que désirez-vous? what would you like?

quel kel which

quelque chose kelkuh shohz something

quelque part par somewhere

quelque(s) kelkuh some

quelques-uns kelkuh-zAN some, a few

quelqu'un kelkAN somebody

qu'est-ce que...? keskuh what...?

   qu'est-ce que vous avez dit? what did you say?

   qu'est-ce qu'il y a? keskeel ya what's the matter?

qu'est-ce qui...? keskee what...?

queue *f* kuh tail; queue

   faire la queue to queue

qui kee who

quincaillerie *f* kAN-ky-ree ironmonger, hardware store

quinzaine *f* kANzen fortnight; about fifteen

quinze KANZ fifteen

quitter keetay to leave

ne quittez pas nuh keetay pa
hold the line

quoi? kwa what?

quoique kwa-kuh although

R

rabais *m* rabay discount,
reduction

raccourci *m* rakoorsee shortcut

**raccrochez: ne raccrochez
pas** nuh rakroshay pa hold the
line

raccrochez svp replace the
receiver

radiateur *m* rad-yaturr heater;
radiator

radio(graphie) *f* X-ray

raide red steep; straight

raison *f* rezzON reason

avoir raison avwahr to be right

raisonnable rezzonabl sensible;
reasonable

ralentir ralONteer to slow down

ralentisseurs speed bumps;
rumble strip

ralentissez slow down

rallonge *f* ralONj extension lead

rame *f* ram train (on underground)

randonnée *f* rONdonay
rambling; hike; trekking; ride;
trip; hill-walking

ranger rONjay to tidy; to put away

rapide rapeed fast

rapide *m* inter-city train

rappel *m* reminder, reminder
sign

rappeler rapuhlay to call back

se rappeler to remember,
to recall

raquette de tennis f
tennis racket

rarement raruhmON seldom

se raser suh razay to shave

rasoir m razwahr razor

rasoir électrique electric shaver

rater ratay to miss

RATP (Régie autonome des transports parisiens) Paris public transport company

ravi de faire votre connaissance ravee duh fair votr konessONss how do you do, nice to meet you

ravissant raveessON lovely

rayon m rayON spoke; department

rayon jouets toy department

rayons X mpl rayON eex X-ray

récépissé m raysaypeessay receipt

recette f ruhset recipe

recevoir ruhsuhvwahr to receive; to have guests

recharge f ruhsharj refill

réchaud à gaz m raysho camping gas stove

réclamations fpl rayklamass-yON complaints; faults service

recommander ruhkomONday to recommend

envoyer une lettre en recommandé to send a letter by recorded delivery

reconnaissant ruhkonessON grateful

reconnaître ruhkonetr to recognize

reçu m ruhsOO receipt

réductions familles nombreuses special rates for large families

regarder ruhgarday to look (at); to watch

régime m rayjeem diet

être au régime to be on a diet

règlement m reglmON regulation

règles fpl regl period

rein m rAN kidney

reine f ren queen

reins mpl rAN back

relâche closed

relais routier m ruhlay root-yay transport café **(often quality restaurant)**

relevez lift up

remarquer ruhmarkay to notice

remboursement m rONboorsmON refund

rembourser rONboorsay to refund

remercier ruhmairs-yay to thank

remettez mes amitiés à… ruhmetay may zameet-yay give my regards to…

remise f ruhmeez reduction

remonte-pente m ruhmONt-pONt ski lift; ski tow

remorque f ruhmork trailer

remorquer ruhmorkay to tow

remplir rONpleer to fill in, to fill

rencontrer rONkONtray to meet

rendez-vous m appointment

prendre rendez-vous to make an appointment

rendre rONdr to give back, to return; to make

se rendre à to go to

renouveler ruhnoovuhlay to renew

renseignements *mpl*
rONsen-yuhmON information;
directory enquiries

**renseignements
internationaux** international
directory enquiries

renseigner rONsen-yay to inform

se renseigner to find out;
to enquire

rentrer rONtray to return

rentrer à la maison to go home

renverser rONvairsay
to knock over

réparations *fpl* rayparass-yON
repairs

réparer rayparay to repair

repas *m* ruhpa meal

repasser ruhpassay to iron;
to come back

répéter raypaytay to repeat

répondre raypONdr to answer

réponse *f* raypONss answer

repos *m* ruhpo rest

se reposer suh ruhpozay
to take a rest

représentant *m* ruhprayzONtON
agent

représentation *f* ruhprayzONtass-
yON representation;
performance

reprise *f* ruhpreez revival;
renewal; resumption

**RER (Réseau express
régional)** *m* air-uh-air fast,
limited-stop metro line in Paris

résa *f* rayza reservation ticket

on TGV

réservation obligatoire
booking essential

réservé rayzairvay reserved

réservé au personnel staff only

réservé aux clients
patrons only

réservé aux clients de l'hôtel
hotel patrons only

**réservé aux membres de
l'équipage** reserved for the
crew, crew only

réserve de chasse
hunting preserve

réserver rayzairvay to book,
to reserve

réservoir *m* rayzairvwahr tank

**respectez le silence de
ces lieux** please respect the
sanctity of this place

respectez les pelouses
please do not walk on the grass

respirer respeeray to breathe

responsable respONsabl
responsible

resquilleur *m* reskeeyurr
fare dodger

ressembler à ruhsONblay
to look like

resserrement du crédit *m*
resairmON dOO kraydee
credit crunch

ressort *m* ruhsor spring

restaurant de poisson
fish restaurant

restauration à votre place
meal served at your seat
(first class only)

reste m rest rest
rester restay to stay
resto m restaurant
restoroute m roadside café
retard m ruhtar delay
  en retard late
retardé ruhtarday delayed
retirer ruhteeeray to withdraw
retirez votre argent
  take your money
retirez votre carte
  remove your card
**retirez votre reçu
(d'opération)**
  take your receipt
retour m ruhtoor return
  de retour dans une heure
  back in an hour
retourner ruhtoornay to return
**retrait de colis et lettres
recommandées**
  collection of parcels and
  recorded delivery letters
retrait des bagages m ruhtray
  day bagahj baggage claim
retrait d'espèces cash
  withdrawal
retraité(e) m/f ruhtretay
  old-age pensioner
retraits withdrawals
rétroviseur m raytroveezurr
  rearview mirror
réunion f ray-OOn-yON meeting
réussir rayOOsseer to succeed
rêve m rev dream
réveil m rayvay alarm clock;
  waking up

réveillé rayvay-yay awake
réveiller rayvay-yay to wake
  se réveiller to wake up
revenir ruhvuhneer to come back
revêtement temporaire
  temporary road surface
revue f magazine
rez-de-chaussée m rayd-sho-say
  ground floor, **(US)** first floor
RF (République française)
  French Republic
rhume m rOOm cold
rhume des foins day fwAN
  hay fever
riche reesh rich
rideau m reedo curtain
rien ree-AN nothing
  de rien you're welcome
rien à déclarer
  nothing to declare
rire reer to laugh
risque d'avalanche
  danger of avalanche
rivage m reevahj shore
rive f reev bank
riverains autorisés no entry
  except for access, residents only
rivière f river
RN (route nationale) f air-en
  national highway
robe f rob dress
robe de chambre duh shONbr
  dressing gown
robinet m robeenay tap, faucet
rocher m roshay rock
roi m rwa king
Roi-Soleil solay Louis XIV (The

Sun King)

roman *m* romON novel

roman Romanesque

rond rON round

rond-point *m* -pwAN roundabout, **(US)** traffic circle

ronfler rONflay to snore

rose *f* roz rose

rose pink

rôtisserie *f* roteesree steak-house

roue *f* roo wheel

roue de secours duh suhkoor spare wheel

rouge rooj red

rouge à lèvres *m* rooj a levr lipstick

rougeole *f* roojol measles

roulez au pas drive at walking pace

roulez sur une file single lane traffic

rousse rooss red-haired

route *f* root road; route

route barrée road closed; road blocked

route départementale secondary road

route du vin route taking in vineyards, wine route

route nationale nass-yonal national highway, main road

routier *m* root-yay truck; truck-driver; roadside café

roux, f rousse roo, rooss red-haired

Royaume-Uni *m* rwy-ohm OOnee United Kingdom

RU (Royaume Uni) UK

rubéole *f* roobayol German measles

rue *f* roo street

rue commerçante komairsONt shopping street

rue piétonne p-yayton pedestrian precinct

rue piétonnière p-yayton-yair pedestrian precinct

ruisseau *m* rweesso stream

S

SA (société anonyme) ess-ah Ltd, Inc

sa his; her; its

sable *m* sabl sand

sables mouvants quicksand

sac *m* bag

sac à dos doh rucksack

sac à main mAN handbag, **(US)** purse

sac de couchage duh kooshahj sleeping bag

sac en plastique ON plasteek plastic bag

saignement *m* sen-yuhmON bleeding

saigner sen-yay to bleed

sais: je/tu sais say I/you know

je ne sais pas I don't know

saison *f* sezzON season

en haute saison in the high season

sait: il/elle sait say he/she knows

salaud salo bastard

sale sal dirty

salé salay salty; savoury

salle à manger *f* sal a mONjay dining room

salle climatisée kleemateezay dining room with air conditioning

salle d'attente datONt waiting room

salle de bain duh bAN bathroom

salle de cinéma duh seenayma cinema

salon *m* salON lounge

salon de coiffure duh kwafOOr hairdressing salon

salon d'essayage dessayahj fitting room

salon de thé duh tay tearoom

salon privé preevay private lounge

salut! salOO hi!; cheerio!

samedi samdee Saturday

SAMU (Service d'Aide Medicale d'Urgence) *m* samOO emergency medical service

sang *m* sON blood

sanisette *f* saneezet automated public toilet on the street

sanitaires *mpl* saneetair toilets and showers

sans sON without

sans agent de conservation contains no preservatives

sans alcool non-alcoholic

sans doute doot undoubtedly

sans issue no through road, dead end

sans plomb lead-free

santé! sontay cheers!; bless you!

santé *f* health

   en bonne santé healthy, in good health

   bon pour la santé healthy

SARL (société à responsabilité limitée) Ltd, Inc

satellite *m* -eet section of airport terminal; satellite

sauf sohf except; safe

sauf indication contraire du médecin unless otherwise stated by your doctor

sauf le... except on...

sauf riverains access only

saurai: je saurai soray I will know

saura: il/elle saura sora he/she/it will know

sauras: tu sauras sora you will know

saurez: vous saurez soray you will know

saurons: nous saurons sorON we will know

sauront: ils sauront sorON they will know

sauter sotay to jump

sauvage sovahj wild

savoir savwahr to know

savon *m* savON soap

scandaleux skONdaluh shocking

se suh him; to him; himself; her; to her; herself; each other

séance *f* say-ONss showing

seau m so bucket

sec, f sèche sek, sesh dry

sèche-cheveux m sesh-shuhvuh hair dryer

sécher sayshay to dry

second m suhgON second floor, (US) third floor

seconde f suhgONd second; second class

secours m suhkoor help

au secours! o help!

secours de montagne duh mONtañ mountain rescue

Secours routier français root-yay French motoring organization

secrétaire m/f suhkraytair secretary

sécurité: en sécurité ON saykOOreetay safe

séduisant sayduweezON attractive

sein m SAN breast

au sein de within

seize sez sixteen

seizième: le seizième sez-yem the 16th arrondissement, up-market area of Paris

séjour m sayjoor stay

self m self-service restaurant

selle f sel saddle

selon suhlON according to

sels de bain mpl sel duh bAN bath salts

semaine f suhmen week

par semaine per week

semblable sONblabl similar

sembler sONblay to seem

semelle f suhmel sole

semi-remorque m suhmee-ruhmork articulated lorry

sens m sONss direction

sens giratoire jeeratwahr roundabout, (US) traffic circle

sensible sONseebl sensitive

sens interdit one-way street; no entry

sens unique one-way street

sentier m sONt-yay path

sentier balisé marked footpath

sentiment m sONteemON feeling

sentir sONteer to feel; to smell

séparé sayparay separate

séparément sayparaymON separately

sept set seven

septembre septONbr September

septième set-yem seventh

serai: je serai suhray I will be

sera: il/elle sera suhra he/she/it will be

serais: je/tu serais suhray I/you would be

seras: tu seras suhra you will be

serez: vous serez suhray you will be

sérieux sayree-uh serious

seriez: vous seriez suhree-ay you would be

serions: nous serions suhree-ON we would be

serons: nous serons suhrON we will be

seront: ils/elles seront suhrON they will be

serpent m sairpON snake

serrez à droite keep to the right

serrure f sair-rOOr lock

serveur m sairvurr waiter

serveuse f sairvurz waitress

servez-vous please take one

service m sairveess service;
service charge; ward;
department

  service! not at all! (Switzerland)

service après vente after-sales
service

service de retouches
alteration/tailoring service

service des urgences casualty
department

service d'urgence emergency
ward, emergencies

service non-stop 24-hour
service

serviette f sairvee-et towel;
briefcase; serviette, napkin

serviette (de table) serviette,
napkin

serviette de toilette twalet towel

serviette hygiénique eejee-
ayneek sanitary towel/napkin

servir sairveer to serve

  se servir to help oneself

  se servir de to use

ses say his; her; its

seul surl alone; single; only

seulement surlmON only

sexe m sex sex

shamp(o)oing m shONpwAN
shampoo

shamp(o)oing - mise en plis
meez ON plee shampoo and set

si if; so; yes

SIDA m seeda AIDS

siècle m see-ekl century

siège m see-ej seat

sien: le sien luh s-yAN
his; hers; its

sienne: la sienne s-yen
his; hers; its

sien(ne)s: les sien(ne)s s-yAN,
s-yen his; hers; its

signal d'alarme m alarm;
emergency lever

signer seen-yay to sign

signifier seen-yeefee-ay to mean

silence m seelONss silence

silencieux seelONssee-uh silent

s'il te plaît seel tuh play please;
excuse me

s'il vous plaît seel voo play
please; excuse me

simple sANpl simple; mere

sinon seenON otherwise

sirop pour la toux m too
cough medicine

site historique m seet eestoreek
place of historical interest

site Web m website

six seess six

sixième seez-yem sixth

ski m ski; skiing

  faire du ski to go skiing

ski de descente duh dessONt
downhill skiing

ski de fond fON
cross-country skiing

skier skee-ay to ski

ski nautique waterski

slip *m* sleep pants, underpants

slip de bain duh bAN
swimming trunks

SMS *m* ess-em-ess text

snack *m* snack bar

SNCB (Société Nationale des Chemins de Fer Belges) *f*
ess-en-say-bay Belgian railways/
railroad

SNCF (Société Nationale des Chemins de Fer Français) *f*
ess-en-say-ef French railways/
railroad

société *f* sos-yay-tay
company; society

sœur *f* surr sister

soi swa oneself

soie *f* swa silk

soif: j'ai soif jay swaf I'm thirsty

soigner swan-yay to treat,
to nurse, to tend

soir *m* swahr evening

  le soir in the evening

  ce soir tonight

soirée *f* swahray evening; evening
performance

soirée privée private party

sois swa be

soit… soit… swa either… or…

soixante swassONt sixty

soixante-dix -deess seventy

sol *m* ground

soldé solday reduced

solde: en solde ON sold reduced

solder solday to sell at a reduced
price

soldes *fpl* sold sale

soldes d'été daytay
summer sale

soleil *m* solay sun

  au soleil in the sun

sombre sONbr dark

sommeil: j'ai sommeil jay
somay I'm sleepy

sommes: nous sommes som
we are

sommet *m* somay summit

somnifère *m* somneefair
sleeping pill

son sON his; her; its

son *m* sound

sonnette *f* bell

sonnette d'alarme alarm bell

sonnette de nuit night bell

sont: ils/elles sont sON they are

sorte *f* sort sort

  de sorte que so that

sortie *f* sortee exit, way out

sortie de camions vehicle exit

sortie de secours
emergency exit

sortie piétons
exit for pedestrians

sortir sorteer to go out;
to take out

SOS Femmes ess-o-ess fam
Women's Aid Centre

SOS Médecin mayd-sAN
24-hour emergency medical
service found in large towns

souci *m* soossee worry

  se faire du souci (pour)
to worry (about)

soucoupe *f* sookoop saucer

soudain soodAN suddenly

souffrant soofrON unwell

souffrir soofreer to be in pain;
 to suffer

souffrir de to suffer from

souhait: à vos souhaits soo-ay
 bless you

souhaiter soo-ettay to wish (for)

souliers *mpl* sool-yay shoes

sourcil *m* soorseel eyebrow

sourd soor deaf

sourire sooreer to smile

souris *f* sooree mouse

sous soo under

**sous réserve de toute
 modification** subject to
 modifications

sous-sol *m* basement

sous-titré -teetray subtitled

sous-titres *mpl* -teetr subtitles

sous-vêtements *mpl* -vetmON
 underwear

soutien-gorge *m* soot-yAN-gorj
 bra

se souvenir de suh soovuhneer
 duh to remember

souvent soovON often

soyez swy-yay be

soyez le bienvenu luh b-yAN-
 vuhnoo welcome

sparadrap *m* sparadra plaster,
 Bandaid

spécialement spays-yalmON
 especially

spectacle *m* spektakl show

spéléologie *f* pot-holing

sports d'hiver *mpl* spor deevair
 winter sports

stade *m* stad stadium

stage *m* stahj training course

standardiste *m/f* stONdardeest
 operator

starter *m* choke

station de métro *f* stass-yON duh

maytro underground/subway station

station de taxis taxi rank

stationnement à durée limitée restricted parking

stationnement alterné parking on alternate sides of the street on 1st-15th and 16th-31st of the month

stationnement en épis interdit no angle parking

stationnement gênant no parking please

stationnement interdit no parking

stationnement limité à 30 minutes parking restricted to 30 minutes

stationnement payant pay to park here

stationnement réglementé limited parking

stationnement toléré 2 minutes parking for 2 minutes only

stationner stass-yonay to park

station-service f stass-yON-sairveess petrol/gas station

station thermale tairmahl spa

stérilet m stayreelay IUD, coil

strapontin m strapontAN fold-down seat

studio m flatlet

stylo m steelo pen

stylo à bille bee biro

stylo-feutre furtr felt-tip pen

su soo known

substance dangereuse

> **Travel tip** Petrol stations in rural areas tend to be few and far between, and usually open only during normal shop hours – so don't count on being able to buy petrol at night or on Sundays. Some have automated 24-hour pumps, but these often only accept French bank cards.

dangerous substance

sucette f soosset lollipop

sucré sookray sweet

sud m sood south

au sud de south of

suffire soofeer to be sufficient

ça suffit sa soofee that's enough

suis: je suis swee I am

Suisse f sweess Switzerland

suisse Swiss

Suisse romande romONd French-speaking Switzerland

suivant sweevON next

suivre sweevr to follow

faire suivre to forward

sujet: au sujet de o soojay duh about

super m soopair 4 star petrol; premium (gas)

super! great!

supermarché m soopairmarshay supermarket

supplément m sooplaymON extra charge, supplement

supporter sooportay to tolerate, to stand; to support

supposer soopozay to suppose

sur soor on

sûr soor sure; safe; reliable

surgelé soorjelay frozen

surgelés *mpl* frozen food

surnom *m* soornoN nickname

surprenant soorpruhnoN surprising

surtout soortoo above all; especially

surveillant *m* soorvayoN supervisor; guard

surveillant de plage duh plahj lifeguard

survêtement de sport *m* soorvetmoN duh spor tracksuit

SVP (s'il vous plaît) please

sympa saNpa nice

sympathique saNpateek nice

syndicat d'initiative *m* saNdeeka deeneess-yateev tourist information centre

T

t' (to) you; yourself

ta your

tabac *m* taba tobacco; tobacconist and newsagent (also sells stamps)

tabac-journaux *m* newsagent, tobacco store and news vendor (also sells stamps); newspaper kiosk

tableau *m* tablo painting

tableau de bord duh bor dashboard

tache *f* tash stain

taille *f* tī size; waist

tailleur *m* tī-urr tailor; lady's suit

taisez-vous tezzay-voo shut up

tais-toi tay-twa shut up

talc *m* talcum powder

talon *m* taloN heel

talon-minute heel bar

tandis que toNdee kuh whereas; while

tant (de) toN so much; so many

  tant mieux m-yuh so much the better

  tant pis pee too bad

  tant que as long as

tante *f* toNt aunt

tapis *m* tapee rug

tapis roulant rooloN moving walkway; baggage carousel

tard tar late

tarif *m* tareef price

tarif des consommations price list

tarif normal first-class mail

tarif réduit reduced fare; second-class mail

tarifs postaux postage rates

tarifs postaux intérieurs inland postage rates

tarifs postaux pour l'étranger overseas postage rates

tasse *f* tass cup

taureau *m* toro bull

taux *m* toh rate

taux à l'achat buying rate

taux à la vente selling rate

taux de change duh shoNj exchange rate

taxis - tête de station
  taxi rank, queue here
TCF (Touring club de France)
  m tay-say-ef French automobile
  association
te tuh (to) you; yourself
TEE (Trans-Europe-Express)
  m tay-uh-uh first class trans-
  European express
teint *m* tAN complexion
teint dyed
teinte *f* tANt colour, shade
teinturerie *f* tANtoor-uhree
  dry cleaner's
teinturier *m* tANtooree-ay
  dry cleaner's
télé *f* taylay TV
télécarte *f* taylay-kart phonecard
télécartes en vente ici
  phonecards sold here
télécopie *f* fax
téléférique *m* taylayfayreek
  cable car
télécharger taylaysharjay
  to download
téléphone à carte *m* cardphone
téléphone interurbain
  long-distance telephone
téléphone portable *m* portahbl
  mobile phone, cell phone
téléphoner (à) taylayfonay
  to phone
télésiège *m* taylaysee-ej chairlift,
  ski lift
téléski *m* ski tow
Télétel free computerized service
  available in post offices instead
  of the phonebook

> **Travel tip** If you want to use
> your mobile phone in France,
> contact your service provider
> to check whether it will work
> and to find out what the call
> charges are – they tend to be
> pretty exorbitant and you're
> likely to be charged extra
> for receiving calls. US cell
> phones won't work unless
> you have a tri-band phone.

téléviseur *m* taylayveezurr
  television set
tellement telmON so
  tellement de so much;
  so many
tel(s) such
témoin *m* taymwAN witness
tempête *f* tONpet storm
tempête de neige duh nej
  snowstorm
temple *m* tONpl Protestant church
temps *m* tON time; weather
  de temps en temps from
  time to time
tenez votre droite
  keep to the right
tenir tuhneer to hold; to keep
tennis *fpl* tenneess trainers
tente *f* tONt tent
terminer tairmeenay to finish
terrain *m* terrAN pitch, field,
  ground
terrain de camping duh
  kONpeeng campsite
terrain pour caravanes poor
  karavan caravan site

terre *f* tair earth

tes tay your

tête *f* tet head

tête de station taxi rank, queue here

texto *m* text

TGV (Train à grande vitesse) *m* tay-jay-vay high-speed train

théière *f* tay-air teapot

tiède t-yed lukewarm

tien: le tien luh t-yAN yours

tienne: la tienne t-yen yours

à la tienne! your health!

tiennent: ils/elles tiennent t-yen they hold

tien(ne)s: les tien(ne)s t-yAN, t-yen yours

tiens: je/tu tiens t-yAN I/you hold

tient: il/elle tient t-yAN he/she/ it holds

timbre *m* tANbr stamp

timbres de collection collectors' stamps

tir *m* teer shooting

tire-bouchon *m* teer-booshON corkscrew

tirer teeray to pull; to shoot

tirez teeray pull

tissu *m* teessoo material

tissus fabrics

titre de transport ticket

toi twa you

toilette: faire sa toilette twalet to have a wash

toilettes *fpl* twalet toilets; (US) rest room

les toilettes sont dans la cour the toilet is in the back yard

toit *m* twa roof

tomber tONbay to fall

tomber en panne ON pan to break down

tomber en panne d'essence to run out of petrol

tomber malade to fall ill

ton tON your

tonalité *f* tohnaleetay dialling tone

tonnage limité weight limit

tonnerre *m* tonair thunder

torchon à vaisselle *m* torshON a vess-el tea towel

tort: avoir tort avvahr tor to be wrong

tôt toh early

toucher tooshay to touch

toujours toojoor always; still

tour *m* tour; turn

tour *f* tower

tour de hanches *m* duh ONsh hip measurement

tour de poitrine pwatreen bust/chest measurement

tour de taille ti waist measurement

tour en voiture vwatOOr drive

tourner toornay to turn

tournevis *m* toornuhvee screwdriver

tous too all; every

tous les deux both of them

tous les jours every day

tous les jours sauf...

every day except…

tous les matins
every morning

tousser toossay to cough

tout too everything; all; every

pas du tout not at all

en tout altogether

à tout à l'heure! a toota lurr
see you later!

tout à fait too ta fay entirely;
altogether

tout compris koNpree
all inclusive

tout de suite toot sweet
immediately

tout droit drwa straight ahead

toute toot all; every

toute la journée all day

toutefois tootfwa however

**toute personne prise en
flagrant délit de vol sera
poursuivie** all shoplifters will
be prosecuted

toutes toot all; every

toutes directions all directions

toutes opérations
all transactions

toutes taxes comprises
inclusive of taxes

tout le monde too luh moNd
everyone

toux f too cough

traduction f tradOOx-yON
translation

traduire tradweer to translate

train m trAN train

un train peut en cacher un

autre there may be another
train hidden behind this one

**être en train de faire
quelque chose** to be doing
something

train à supplément train
for which you must pay a
supplement

train auto-couchettes
motorail

train direct direct train

train en partance pour…
train leaving for…

train omnibus slow train

train rapide express train

trains au départ departures

train supplémentaire
extra train

traitement m tretmoN (course of)
treatment

traitement de texte word
processing; word processor

traiteur m treturr delicatessen

tranche f troNsh slice

tranquille troNkeel quiet

transactions avec l'étranger
overseas business

transpirer troNspeeray to sweat

travail m travī work

travailler travī-ay to work

travaux mpl travo roadworks;
building work

traversée f travairsay crossing

traverser travairsay to cross,
to go through

treize trez thirteen

trembler troNblay to tremble

trente tr0nt thirty

très tray very

  très bien, merci b-yAN
  very well, thank you

tribunal *m* treeb00nal court

tricot *m* treeko knitting; jumper

tricoter treekotay to knit

tricots knitwear

triste treest sad

trois trwa three

troisième trwaz-yem third

tromper tr0Npay to deceive

  se tromper to be wrong

  se tromper de numéro
  to dial the wrong number

trop tro too; too much

  trop de too much/many

trottoir *m* trotwahr pavement;
  (US) sidewalk

trou *m* tr00 hole

trouver troovay to find

truc *m* tr00k thing

TTC (toutes taxes comprises)
  inclusive of tax

tu t00 you

tuer t00-ay to kill

tunnel de lavage *m* t00nel duh
  lavahj car-wash

tutoyer t00twy-ay to use the
  familiar 'tu' form

tuyau *m* twee-yo pipe

**TVA (taxe sur la valeur
  ajoutée)** *f* tay-vay-ah VAT

TV par câble *f* tay-vay par kahbl
  cable TV

U

UE *f* 00-uh EU, European Union

ulcère *m* 00lsair ulcer

un AN a; one

une 00n a; one

unité *f* 00neetay unit

urgence *f* 00rj0Nss emergency

urinoir *m* 00reenwahr public urinal

**usage: l'usage des WC est
  interdit pendant l'arrêt du
  train en gare** do not use the
  toilet while the train is in a
  station

usage externe for external use

usine *f* 00zeen factory

ustensiles de cuisine
  cooking utensils

utile 00teel useful

utilisateur *m* 00teeleezaturr user

utiliser 00teeleezay to use

utiliser avant... use before...

**utilisez un stylo à bille et
  appuyez fortement** use a
  ball-point pen and write firmly

V

va: **il/elle va** he/she/it goes

comment ça va? komON sa
how are you?

il va bien eel va b-yAN he's well

il va mal he's not well

le bleu me va bien
blue suits me

vacances *fpl* vakONss
holiday, vacation

vacances annuelles
annual holiday

vaccin *m* vaxAN vaccination

vache *f* vash cow

vachement vashmON bloody,
damn(ed)

vagin *m* vajAN vagina

vague *f* vag wave

vague de chaleur duh shalurr
heatwave

vais: je vais vay I go

vaisselle *f* vess-el crockery

faire la vaisselle to do the
washing up

valable val-abl valid

valable jusqu'au...
valid until...

validez valeeday validate

valise *f* valeez suitcase

vallée *f* valay valley

valoir valwahr to be worth

varappe *f* varap rock climbing

variable varee-abl changeable

varicelle *f* vareessel chickenpox

vase *m* vahz vase

vas: tu vas va you go

vas-y va-zee go on

vaut: il vaut vo it is worth

véhicule *m* vay-eekOOl vehicle

vélo *m* vaylo bike

faire du vélo to cycle

vélomoteur *m* -moturr moped

vendanges *fpl* vONdONj
wine harvest

**vendangeur: on demande des
vendangeurs** grape pickers
wanted

vendeur *m*, **vendeuse** *f* vONdurr,
-urz shop assistant; salesman;
saleswoman

vendre vONdr to sell

à vendre for sale

vendredi vONdruhdee Friday

**vendu uniquement sur
ordonnance** sold on
prescription only

venir vuhneer to come

**venir de faire quelque
chose** to have just done
something

faire venir to send for

vent *m* vON wind

vente *f* vONt sale; selling rate

en vente ici available here

ventes hors taxes à bord
duty free sales aboard

vent fort strong wind

ventilateur *m* vONteelaturr fan

ventre *m* vONtr stomach

verglas *m* vairgla black ice

vérifier vayreef-yay to check

vérifiez votre monnaie

check your change

vernis à ongles *m* vairnee a ONgl
nail polish

verrai: je verrai vairray I will see

verra: il/elle verra vairra he/she/
it will see

verras: tu verras vairra
you will see

verre *m* vair glass

verre à eau o tumbler

verre à vin VAN wineglass

verrez: vous verrez vairray
you will see

verrons: nous verrons vairrON
we will see

verront: ils/elles verront vairrON
they will see

verrou *m* vairroo bolt

verrouiller vairroo-yay to bolt;
to lock

vers *m* vair verse

vers towards; about

versement *m* vairss-mON
payment, deposit

verser vairsay to pay; to pour

version originale *f* vairss-yON
oreejeenal in the original
language

vert vair green

vessie *f* vessee bladder

veste *f* vest jacket

vestiaire *m* vestee-air cloakroom;
(US) checkroom; changing room

vêtements *mpl* vetmON clothes

vêtements dames
ladies' fashions

vêtements enfants

children's wear

vêtements femmes ladies' wear

vêtements hommes menswear

vêtements messieurs
menswear

vétérinaire *m* vaytayreenair vet

veuf *m* vurf widower

veuillez... vuh-ee-yay please...

**veuillez établir votre chèque
à l'ordre de...** please make
cheques payable to...

veuillez éteindre votre moteur
please switch off engine

veuillez fermer la porte
please close the door

**veuillez libérer votre chambre
avant midi** please vacate your
room by 12 noon

veuillez patienter please wait

**veuillez patienter, nous
traitons votre demande**
please wait, your request is
being processed

veulent: ils/elles veulent vurl
they want

veut: il/elle veut vuh he/she/
it wants

cela veut dire... that means...

veuve *f* vurv widow

veux: je/tu veux vuh I/you want

vexer vexay to offend

vidange *f* veedONj oil change

vide veed empty

vide-ordures *m* -ordOOr
garbage chute

vie *f* vee life

vieille v-yay old

vieille ville *f* veel old town

viendrai: je viendrai v-yANdray
I will come

viendra: il/elle viendra v-yANdra
he/she/it will come

viendras: tu viendras v-yANdra
you will come

viendrez: vous viendrez
v-yANdray you will come

viendrons: nous viendrons
v-yANdrON we will come

viendront: ils/elles viendront
v-yANdrON they will come

viennent: ils/elles viennent
v-yen they come

viens: je/tu viens v-yAN
I/you come

vient: il/elle vient v-yAN he/she/
it comes

vieux, *f* **vieille** v-yuh, v-yay old

vignette *f* veen-yet road tax disc;
postage label

vignettes montant au choix
select postage labels to required
value

vignoble *m* veen-yobl vineyard

Travel tip Choosing wine is
a complex business and it's
hard not to feel intimidated
by the seemingly innate
expertise of the French.
Trusting your own instincts
is the best way to go, but
the more interest you show,
the more help you're likely to
receive. The only thing they
cannot tolerate is people
ordering Coke or the like to
accompany a gourmet meal.

vilebrequin *m* veelbruhkAN
crankshaft

ville *f* veel town

   en ville in town; to town

ville jumelée avec…
twin town…

vingt vAN twenty

vins et spiritueux
wine merchant

viol *m* veeol rape

violet veeolay purple

violon *m* veeolON violin

virage *m* veerahj bend

virage dangereux
dangerous bend

virages sur… km
bends for… km

virement *m* veermON transfer

vis *f* vee screw

visage *m* veezahj face

viseur *m* veezurr viewfinder

visite guidée *f* veezeet geeday
guided tour

visiter veezeetay to visit

visitez… visit…

vite veet quick; quickly

vitesse *f* speed; gear

vitesse limitée à…
speed limit…

vitre *f* veetr window

vitrine *f* veetreen shop window

vivant veevON alive

vivre veevr to live

VO (version originale) vay-o
in the original language

vœux: meilleurs vœux may-yurr
vuh best wishes

voici vwa-see here is; here are; here you are

voie *f* vwa platform; track; lane

 par voie orale orally

voie ferrée railway

voie pour véhicules lents crawler lane

voilà vwala here is; here are; there you are

 le voilà there he is

voile *f* vwal sail; sailing

voilier *m* vwal-yay sailing boat

voir vwahr to see

voisin *m*, **voisine** *f* vwazAN, -zeen neighbour

voiture *f* vwatoor car; coach; carriage

 en voiture by car

voiture de queue rear car

voiture de tête front car

voix *f* vwa voice

vol *m* flight; theft

volant *m* volON steering wheel

vol à voile vwal gliding

vol direct direct flight

voler volay to steal; to fly

volets *mpl* volay shutters

voleur *m* volurr thief

volley *m* volay volleyball

vols intérieurs *mpl* vol zANtayree-urr domestic flights

vols internationaux zANtairnass-yono international flights

vomir vomeer to be sick, to vomit

vont: ils/elles vont vON they go

vos vo your

votre votr your

vôtre: le/la vôtre luh/la vohtr yours

 à la vôtre! cheers!

vôtres: les vôtres lay vohtr yours

voudraient: il/elles voudraient voodray they would like

voudrais: je/tu voudrais
voodray I/you would like

voudrait: il/elle voudrait
voodray he/she/it would like

voudriez: vous voudriez
voodree-ay you would like

voudrions: nous voudrions
voodree-ON we would like

voulez: que voulez-vous? kuh
voolay-voo what do you want?

voulez-vous...?
do you want...?

voulez-vous un reçu?
do you want a receipt?

vouloir voolwahr to want

vouloir dire deer to mean

voulu vool00 wanted

vous voo you; (to) you

vous désirez? can I help you?

vous êtes ici you are here

vouvoyer voovwy-ay to use the
polite 'vous' form

voyage m vwy-ahj trip, journey

voyage d'affaires dafair
business trip

voyage de noces duh noss
honeymoon

voyage organisé organeezay
package tour

voyager vwy-ahjay to travel

voyageur m vwy-ahjurr traveller

voyagiste m vwy-ahjeest
tour operator

vrai vray true; real

à vrai dire actually

vraiment vraymON really

vu v00 seen

vue f v00 view

W

wagon m vagON carriage

wagon-lit -lee sleeper,
sleeping car

WC mpl vay-say toilet, rest room

Y

y ee there; it

y a-t-il...? yateel is there...?;
are there...?

yeux mpl yuh eyes

Z

zéro zayro zero

zone bleue f zon bluh restricted
parking area

zone piétonne p-yayton
pedestrian precinct

zone piétonnière p-yaytonair
pedestrian precinct

MENU READER

Food

Essential terms

bread le pain pAN
butter le beurre burr
cup la tasse tass
dessert le dessert desair
fish le poisson pwassON
fork la fourchette foorshet
glass le verre vair
knife le couteau kooto
main course le plat principal
pla prANseepal
meat la viande veeONd
menu la carte kart
pepper le poivre pwahvr
plate l'assiette fass-yet

salad la salade sa-lad
salt le sel
set menu le menu (à prix fixe)
muhnOO (a pree feex)
soup le potage potahj
spoon la cuillère kwee-yair
starter l'entrée fONtray
table la table tahbl

another…, please encore…, s'il
vous plaît ONkor…, seel voo play
excuse me! (to call waiter/
waitress) pardon par-dON
could I have the bill, please?
l'addition, s'il vous plaît
adeess-yON seel voo play

A–Z

abats aba offal

abricot abreeko apricot

agneau an-yo lamb

aiguillette de bœuf ay-gwee-yet duh burf slices of rump steak

ail ī garlic

ailloli ī-olee garlic mayonnaise

à la broche ala brosh roasted on a spit

à l'ail alī with garlic

à la jardinière ala jardeen-yair with assorted vegetables

à l'ancienne alONs-yen traditional style

à la normande ala normOND in cream sauce

à la provençale ala provONsahl cooked in olive oil with tomatoes, garlic and herbs

alose aloze shad (fish)

amande amOND almond

ananas anana pineapple

anchois ONshwa anchovies

andouillette ONdoo-yet small, spicy tripe sausage

anguille ONgwee eel

araignée de mer aren-yay duh mair spider crab

arête aret fishbone

artichaut artee-sho artichoke

asperge(s) aspairj asparagus

aspic de volaille vol-ī chicken in aspic

assaisonnement assezonuhmON seasoning; dressing

assiette anglaise ass-yet ONglez selection of cold meats

aubergine aubergine, eggplant

au choix... o shwa choice of...

aux câpres o kapr in caper sauce

avocat avoka avocado

baba au rhum o rum rum baba

baguette stick of bread, French stick

banane banan banana

bananes flambées banan flONbay bananas flambéd in brandy

barbue barbOO brill (fish)

bâtard batar a half-size French stick (250g)

bavaroise bavarwaz light mousse

bavette à l'échalote bavet a layshalot grilled beef with shallots

béarnaise bay-arnez with béarnaise sauce (sauce made from egg yolks, butter and herbs)

beaufort bofor hard cheese from Savoie

bécasse baykass woodcock

béchamel bayshamel white sauce, béchamel sauce

beignet ben-yay fritter, doughnut

beignet aux pommes o pom apple fritter

betterave betrahv beetroot, (US) red beet

beurre burr butter

beurre d'anchois dONshwa
anchovy paste

beurre d'estragon destragON
tarragon butter

beurre noir nwahr
dark melted butter

bien cuit b-yan kwee well done
(meat)

bifteck beeftek steak

bifteck de cheval duh shuhval
horsemeat steak

biscuit de Savoie beess-kwee
duh savwa sponge cake

bisque d'écrevisses
beesk daykruhveess
freshwater crayfish soup

bisque de homard duh omar
lobster bisque

bisque de langoustines
lONgoosteen
saltwater crayfish soup

blanquette de veau
blONket duh vo veal stew

bleu bluh very rare; rare; blue

bleu d'Auvergne dovairn
blue cheese from Auvergne

bœuf burf beef

bœuf à la ficelle feesel
beef cooked in stock

bœuf bourguignon boor-geen-
yON beef cooked in red wine

bœuf en daube ON dohb
beef casserole

bœuf miroton meerotON
boiled beef with onions

bœuf mode mod
beef stew with carrots

boisson bwassON drink

bolet bolay boletus (mushroom)

bouchée à la reine booshay ala
ren vol au vent

boudin boodAN black pudding

boudin blanc blON
white pudding

boudin noir nwahr
black pudding

bouillabaisse booyabess spicy
fish soup from the Midi

bouilli boo-yee boiled

bouillon booyON stock

bouillon de légumes duh
laygoom vegetable stock

bouillon de poule pool
chicken stock

boulette boolet meatball

bouquet rose bookay roz prawns

boutargue bootarg
smoked fish roe

braisé brezay braised

brandade de morue brONdad
duh moroo cod and potatoes,
mashed

brioche bree-osh round bun

brochet broshay pike

brochette broshet kebab

brugnon broon-yON nectarine

cabillaud kabee-yo cod

cacahuètes kaka-wet peanuts

caille kī quail

cake fruit cake

cal(a)mar squid

canapé kanapay small open
sandwich, canapé

canard kanar duck

canard à l'orange loronj
duck in orange sauce

canard aux cerises o suhreez
duck with cherries

canard aux navets o navay
duck with turnips

canard laqué lakay Chinese
roast duck, Peking duck

canard rôti rotee roast duck

caneton kantON duckling

cantal kONtal hard cheese from
Auvergne

câpres kapr capers

carbonnade karbonad stew made
with beef, onions and beer

cardon kardON cardoon,
vegetable similar to celery

cari karee curry

carotte karot carrot

carottes râpées rapay grated
carrots with vinaigrette

carottes Vichy carrots in butter
and parsley

carpe karp carp

carré d'agneau karray dan-yo
rack of lamb

carrelet karlay plaice

carte kart menu

carvi karvee caraway

casse-croûte kass-kroot
sandwich; snack

cassis kasseess blackcurrant

cassoulet kassoolay casserole
with pork, sausages and beans

céleri (en branches) selree (on
bronsh) celery

céleri rave rahv celeriac

céleri rémoulade raymoolad
celeriac in mayonnaise and
mustard dressing

cèpe sep cep (mushroom)

cerise suhreez cherry

cerises à l'eau de vie lo duh vee
cherries in brandy

cervelas sairvuhla saveloy (highly
seasoned sausage made from
brains)

cervelle sairvel brains

chabichou shabeeshoo
goats' and cows' milk cheese

champignon shONpeen-yON
mushroom

champignons de Paris duh
paree white button mushrooms

champignons à la grecque
grek mushrooms in olive oil,
tomatoes and herbs

chanterelle chanterelle
(mushroom)

charlotte dessert consisting
of layers of fruit, cream and
biscuits

chasselas shassla white grape

châtaigne shateñ sweet chestnut

chausson aux pommes
shohsON o pom apple turnover

cheval shuhval horse

chèvre shevr goats' milk cheese

chevreuil shevruh-ee venison

chicorée sheekoray endive,
chicory

chicorée frisée freezay
curly lettuce

chiffonnade d'oseille sheefonad
dozay sorrel cooked in butter

chips sheeps crisps, (US) potato chips

chocolatine shokolateen chocolate puff pastry

chou shoo cabbage

chou à la crème cream puff

choucroute shookroot sauerkraut with sausages and smoked ham

chou-fleur shooflurr cauliflower

chou-fleur au gratin o gratAN cauliflower cheese

chou rouge shoo rooj red cabbage

choux de Bruxelles duh brOO-sel Brussels sprouts

ciboulette seeboolet chives

cigarette seegaret kind of finger biscuit (served with ice cream etc)

citron seetrON lemon

citron vert vair lime

civet de lièvre seevay duh lee-evr jugged hare

clafoutis klafootee batter pudding with fruit

cochon de lait koshON duh lay sucking pig

cocktail de crevettes kruhvet prawn cocktail

cœur kurr heart

cœur d'artichaut darteesho artichoke heart

coing kwAN quince

colin kolAN hake

compote kONpot stewed fruit

compris kONpree included

comté kONtay hard cheese from the Jura area

concombre kONkONbr cucumber

confit de canard kONfit duh kanar duck preserve

confit d'oie kONfee dwa goose preserve

confiture kONfeetoor jam

confiture d'orange dorONj marmalade

congre kONgr conger eel

consommé kONsommay clear soup made from meat or chicken

consultez aussi l'ardoise other suggestions on the slate

consultez notre carte des desserts have a look at our dessert menu

coq au vin kok o VAN chicken in red wine

coque kok cockle

coquelet koklay young cockerel, poult

coquilles Saint-Jacques kokee SAN jak scallops

côte de porc koht duh por pork chop

côtelette kotlet chop

côtelette de porc duh por pork chop

cotriade bretonne kotree-ad bruhton fish soup from Brittany

coulis koolee creamy sauce or soup

coulis de framboises duh frONbwahz raspberry sauce

coulis de langoustines

lONgoosteen saltwater crayfish
sauce

coulommiers koolom-yay
rich medium-soft cheese

coupe koop ice cream dessert

coupe Danemark danmark
vanilla ice cream with hot
chocolate sauce

coupe des îles day zeel
vanilla ice cream with syrup,
fruit and whipped cream

courgette courgette, zucchini

court-bouillon koor-booyON stock
for poaching fish or meat

couscous kooskooss semolina
(usually served with meat,
vegetables and hot spicy sauce)

couscous royal rwy-al
couscous with meat

couvert koovair cover charge

crabe krab crab

crème krem cream; creamy sauce
or dessert

crème à la vanille vanee
vanilla custard

crème anglaise ONglez custard

crème brûlée à la cassonade
brOOlay ala kassonad custard
covered with brown sugar and
'grilled'

crème Chantilly shONtee-yee
whipped cream

crème d'asperges daspairj
cream of asparagus soup

crème de bolets duh bolay
cream of mushroom soup

crème de marrons marON
chestnut purée

crème de volaille vol-ī
cream of chicken soup

crème d'huîtres weetr
cream of oyster soup

crème fouettée foo-etay
whipped cream

crème pâtissière pateessee-air
confectioner's custard

crème renversée rONvairsay
custard dessert in a mould

crème vichyssoise veeshee-
swaz cold potato and leek
soup

crêpe krep pancake

crêpe à la béchamel bayshamel
pancake with béchamel sauce

crêpe à la chantilly shONtee-yee
pancake with whipped cream

crêpe à la crème de marrons
krem duh marON pancake with
chestnut purée

crêpe à l'œuf al-uhf
pancake with a fried egg

crêpe au chocolat o shokola
pancake with chocolate sauce

crêpe au fromage fromahj
cheese pancake

crêpe au jambon jONbON
ham pancake

crêpe au sucre sookr
pancake with sugar

crêpe au thon tON tuna pancake

crêpe de froment duh fromON
wholemeal flour pancake

crêpes Suzette pancakes
flambéd with orange sauce

crépinette kraypeenet sausage
patty wrapped in fat

cresson kressON cress

crevette kruhvet prawn

crevette grise greez shrimp

crevette rose roz prawn

croque-madame krok ma-dam toasted cheese sandwich with ham and eggs

croque-monsieur krok muhss-yuh toasted cheese sandwich with ham

crottin de Chavignol krotAN duh shaveen-yol small goats' cheese

crottin de chèvre chaud shevr sho small goats' cheese served hot

croûte au fromage kroot o fromahj toasted cheese

croûte forestière forest-yair mushrooms on toast

crudités krOOdeetay selection of salads or chopped raw vegetables

crustacés krOOstassay shellfish

cuit cooked

cuisses de grenouille kweess duh gruhnoo-yuh frogs' legs

cuissot de chevreuil kweeso duh shevruh-ee haunch of venison

darne de saumon grillée darn duh somON gree-yay grilled salmon steak

dartois dartwa pastry with jam

datte dat date

daurade dorad gilthead (fish)

dinde dANd turkey

échalote ayshalot shallot

écrevisse aykruhveess freshwater crayfish

écrevisses à la nage nahj freshwater crayfish in wine and vegetable sauce

émincé de veau aymANsay duh vo finely cut veal in cream sauce

emporter: à emporter ONportay to take away, (US) to go

endive ONdeev chicory, endive

endives au jambon o jONbON chicory with ham baked in the oven

endives braisées brezay braised chicory

entrecôte ONtr-koht rib steak

entrecôte au poivre o pwahvr steak fried with black peppercorns

entrecôte maître d'hôtel metr dotel steak with butter and parsley

entrée ONtray first course

entremets ONtr-may dessert

épaule d'agneau farcie aypol dan-yo farsee stuffed shoulder of lamb

éperlan aypairlON smelt (fish)

épice aypeess spice

épinards aypeenar spinach

épinards à la crème spinach with cream

épinards en branches ON brONsh leaf spinach

escalope à la crème escalope in cream sauce

escalope de dinde à la crème et aux champignons duh dAND turkey cutlet with cream and mushrooms

escalope de veau milanaise duh vo meelanez veal escalope with tomato sauce

escalope de veau normande normOND veal escalope in cream sauce

escalope panée panay breaded veal escalope

escargots eskargo snails

escargots de Bourgogne à la douzaine dozen Burgundy snails

espadon espadON swordfish

estouffade de bœuf estoofad duh burf beef casserole

estragon estragON tarragon

faisan fezzON pheasant

fait maison fay mezzON homemade

farci farsee stuffed

farine fareen flour

faux filet sauce béarnaise fo feelay fillet/sirloin steak with béarnaise sauce

fenouil fenoo-yuh fennel

fèves fev broad beans

ficelle feessel French stick thinner than a baguette

figue feeg fig

figue de barbarie prickly pear

filet feelay fillet

filet de bœuf Rossini duh burf fillet of beef with foie gras

filet de canard au poivre vert duh kanar o pwahvr vair duck breast with green pepper sauce

filet de perche pairsh perch fillet

financière feenONss-yair rich sauce (served with sweetbread, dumplings etc)

fines herbes feen zairb herbs

flageolets flajolay flageolets, small green beans

flambé flONbay flambé

flan flON custard tart; crème caramel; egg custard

flétan flaytON halibut

foie fwa liver

foie de veau vo calves' liver

foie gras gra duck or goose liver preserve

foies de volaille vol-ī chicken livers

fondant au chocolat fONdON o shokola chocolate fondant; kind of brownie

fonds d'artichaut fON darteesho artichoke hearts

fondue fONdoo Swiss dish of cheese melted in white wine

fondue bourguignonne boor-geen-yon meat fondue (cooked in oil)

fondue savoyarde savvy-ard cheese fondue

forêt noire foray nwahr Black Forest gateau

fraise frez strawberry

fraise des bois day bwa wild strawberry

framboise frONbwahz raspberry

frangipane froNjeepan almond pastry

frisée freezay curly lettuce

frisée aux lardons o lardON curly lettuce with bacon

frit free deep fried

frites freet chips, French fries

fromage fromahj cheese

> **Travel tip** France is the ultimate destination for serious cheese-lovers. The best restaurants offer a well-stocked *plateau de fromages*, served at room temperature with bread, but not butter. Apart from the ubiquitous Brie, Camembert and numerous varieties of goat's cheese, there'll usually be one or two local cheeses on offer – these are the ones to go for.

fromage blanc blON cream cheese

fromage de chèvre duh shevr goats' cheese

fruité frweetay fruity

fruits frwee fruit

fruits de mer duh mair seafood

fumé foomay smoked

galantine galONteen cold meat in aspic

galette galet round flat cake; buckwheat pancake

garni garnee with French fries or rice and/or vegetables

gâteau au fromage o fromahj cheesecake

gaufre gohfr wafer; waffle

gaufrette gohfret wafer

gelée juhlay jelly

en gelée ON in aspic

génisse jayneess heifer

génoise jaynwahz sponge cake

gésier jayzee-ay gizzard

gibelotte de lapin jeeblot duh lapAN rabbit stewed in white wine

gibier jeeb-yay game

gigot d'agneau jeego dan-yo leg of lamb

gigue de chevreuil jeeg duh shuhvruh-ee haunch of venison

girolle jee-rol chanterelle (mushroom)

glace glass ice cream; ice

goujon goojON gudgeon (fish)

grand veneur grON vuhnurr sauce for game

gras-double gra-doobl tripe

gratin gratAN baked cheese dish

au gratin o baked in a milk, cream and cheese sauce

gratin dauphinois dofeen-wa potato gratin with grated cheese

gratin de carottes duh karot carrots au gratin

gratin de langoustines lONgoosteen saltwater crayfish au gratin

gratin de queues d'écrevisses kuh daykruhveess freshwater crayfish au gratin

gratinée grateenay onion soup with cheese topping

grenade gruhnad pomegranate

grillade gree-yad grilled meat

grillé gree-yay grilled

grive greev thrush

grondin grONdAN gurnard (fish)

groseille blanche grossay blONsh white currant

groseille rouge rooj red currant

gruyère grwee-yair hard Swiss cheese

hachis parmentier ashee parmONtee-ay shepherd's pie

hareng mariné arON mareenay marinated herring

haricot de mouton areeko duh mootON mutton stew with beans

haricots areeko green beans; beans

haricots blancs blON haricot beans

haricots verts vair green beans

herbes airb herbs

herbes de Provence duh provONss herbs from Provence

homard omar lobster

homard à l'américaine lamaireeken lobster with tomato and white wine sauce

huile de soja weel duh soja soya oil

huile de tournesol toornuhsol sunflower oil

huile d'olive doleev olive oil

huître weetr oyster

îles flottantes eel flotONt floating islands (poached whisked egg whites on top of custard)

jambon jONbON ham

jambon au madère o madair ham in Madeira wine

jambon de Bayonne duh ba-yon smoked and cured ham

jardinière (de légumes) jardeen-yair (duh laygoom) with mixed vegetables

jarret de veau jarray duh vo shin of veal

julienne (de légumes) joolee-en (duh laygoom) soup with chopped vegetables

julienne type of white fish

kugelhof koogelhohf cake from Alsace

laitue lettoo lettuce

langouste lONgoost crayfish

langoustine lONgoosteen scampi

langue de bœuf lON-g duh burf ox tongue

langue de chat sha finger biscuit (served with ice cream)

lapereau lapero young rabbit

lapin lapAN rabbit

lapin à la Lorraine rabbit in mushroom and cream sauce

lapin à la moutarde mootard rabbit in mustard sauce

lapin chasseur shassurr rabbit in white wine and herbs

lapin de garenne garreN
wild rabbit

lard lar bacon

lardons lardON small cubes of
bacon

laurier loree-ay bay leaf

léger layjay light

légumes laygoom vegetables

lentilles lONteel lentils

lièvre lee-evr hare

limande leemONd dab,
lemon sole

livarot leevaro strong, soft cheese
from the north of France

longe lONj loin

lotte lot burbot

loup au fenouil loo o fuhnoo-yuh
bass with fennel

macaron makarON macaroon

macaroni au gratin o gratAN
macaroni cheese

macédoine de légumes
massaydwan duh laygoom mixed
vegetables with mayonnaise

mâche mash lamb's lettuce

magret de canard magray duh
kanar duck breast

mangue mON-g mango

maquereau au vin blanc
makro o VAN blON
mackerel in white wine sauce

marcassin marcassAN
young wild boar

marchand de vin marshON duh
van in red wine sauce

mariné mareenay marinated

marrons marrON chestnuts

menthe mONt mint

menu muhnoo set menu

menu du jour doo joor
today's menu

menu gastronomique
gastronomeek gourmet menu

merlan au vin blanc mairlON
o VAN blON whiting in white wine

mérou mayroo grouper

miel mee-el honey

millefeuille meel-fuh-ee
custard slice

mont-blanc mON-blON
chestnut sweet topped with
whipped cream

morilles moree morels (mushroom)

morue moroo cod

mouclade mooklad mussels in
creamy sauce with saffron,
turmeric and white wine

moules mool mussels

moules à la poulette poolet
mussels in rich white wine
sauce

moules marinière mareen-yair
mussels in white wine

mousse au chocolat o shokola
chocolate mousse

mousse au jambon jONbON
light ham pâté

mousse de foie duh fwa
light liver pâté

moutarde mootard mustard

mouton mootON mutton

mulet moolay mullet

munster mANstair strong cheese
from eastern France

mûre moor blackberry

muscade mooskad nutmeg

myrtille meertee bilberry

nature natoor plain

navarin navarAN mutton stew with vegetables

navet navay turnip

nèfle nefl medlar

noisettes nwazet hazelnuts

noisette d'agneau dan-yo small, round lamb steak

noix nwa walnuts; nuts

nouilles noo-yuh noodles

œuf urf egg

œuf à la coque kok soft-boiled egg

œuf cocotte à la tomate kokot ala tomat egg cooked with tomato in the oven

œuf dur door hard-boiled egg

œuf en gelée ON juhlay egg in aspic

œuf mayonnaise egg mayonnaise

œuf mollet molay soft-boiled egg

œuf poché poshay poached egg

œufs à la neige uh ala nej floating islands (poached whisked egg whites on top of custard)

œufs au lait o lay egg custard

œufs au vin vAN eggs poached in red wine

œufs brouillés broo-yay scrambled eggs

œufs en meurette ON murret poached eggs in wine sauce

œuf sur le plat urf soor luh pla fried egg

oie wa goose

oignon onyON onion

olive oleev olive

omelette au fromage fromahj cheese omelette

omelette au jambon jONbON ham omelette

omelette au naturel natoorel plain omelette

omelette aux champignons o shONpeen-yON mushroom omelette

omelette aux fines herbes feen zairb omelette with herbs

omelette nature natoor plain omelette

omelette paysanne pay-eezan
omelette with potatoes and
bacon

opéra opayra plain chocolate and
coffee gateau

orange givrée geevray
orange sorbet served in a
scooped-out orange

oseille ohzay sorrel

oursin oorSAN sea urchin

pain PAN bread; loaf

pain au chocolat o shokola type
of pastry with chocolate filling

pain au lait lay kind of sweet bun

pain aux noix nwa walnut bread

pain aux raisins o rezzAN kind
of brioche with custard and
sultanas

pain bagnat ban-ya tuna salad
sandwich in wholemeal bread
roll (from the French Riviera)

pain blanc blON white bread

pain complet kONplay
wholemeal bread

pain de campagne kONpañ
farmhouse bread/loaf

pain de mie mee
sliced white bread

pain de seigle segl rye bread

pain de son SON bran bread

pain viennois vee-enwa
Vienna loaf

palette de porc palet duh por
pork shoulder

palourde paloord clam

pamplemousse pONpl-mooss
grapefruit

panaché... panashay mixed...

panade panad bread soup

pané panay breaded

papillote: en papillote ON
papee-yot baked in foil or paper

parfait glacé parfay glassay
frozen sweet

pastèque pastek water melon

pâte d'amandes paht damONd
marzipan

pâté de canard duh kanar
duck pâté

pâté de foie de volaille fwa duh
volī chicken liver pâté

pâte feuilletée paht fuh-ee-etay
puff pastry

pâtes paht pasta

pâtisserie pateesree
cake; cake shop

pâtisserie maison mezzON
home made gateau

paupiettes de veau pohp-yet
duh vo rolled-up stuffed slices
of veal

pavé de rumsteak pavay duh
thick piece of steak

pêche pesh peach

pêche Melba peach melba

perdreau pairdro young partridge

perdrix pairdree partridge

persil pairsee parsley

petit beurre puhtee burr biscuit/
cookie made with butter

petite friture puhteet freetoor
whitebait

petit gâteau biscuit

petit pain PAN roll

petits pois puhtee pwa peas

petits fours foor decorated small
cakes and biscuits

petit suisse sweess
light cream cheese

pieds de cochon/porc p-yay
duh koshON/por pigs' trotters

pigeon peejON pigeon

pigeonneau peejono
young pigeon

pignatelle peen-yatel
small cheese fritter

pilaf rice dish with meat

pilaf de mouton duh mootON
rice dish with mutton

pintade pANtad guinea fowl

piperade peepuhrad
scrambled eggs with peppers
and tomatoes

pissaladière peessaladee-yair
Provençal dish similar to pizza

pissenlit peess-ON-lee dandelion

pistache peestash pistachio

pizza quatre saisons katr
sezzON four seasons pizza

plat de résistance pla duh
rayseestONss main course

plat du jour pla dOO joor
dish of the day

plateau de fromages plato duh
fromahj cheese board

plateau de fruits de mer duh
frwee duh mair seafood platter

plat principal pla prANseepal
main course

pochouse poshooz fish casserole
with white wine

point: à point pwAN medium

> **Travel tip** The main meal
> of the day is traditionally
> eaten at lunchtime, usually
> between noon and 2pm.
> You'll find plenty of places
> offering a reasonably priced
> dish of the day, or a limited
> set-price menu that typically
> includes a main dish and
> either a starter or a dessert.

poire pwahr pear

poireau pwahro leek

poire belle-Hélène bel aylen
pear in chocolate sauce

pois chiches pwa sheesh
chickpeas

poisson pwassON fish

poivre pwahvr pepper (seasoning)

poivron pwahvrON pepper
(vegetable)

poivron farci farsee stuffed
pepper

pomme pom apple

pomme au four o foor
jacket potato

pomme bonne femme bon fam
baked apple

pomme de terre duh tair potato

pommes alumettes pom alOOmet
French fries

pommes dauphine dofeen
potato fritters

pommes de terre à l'anglaise
pom duh tair a lONglez
boiled potatoes

**pommes (de terre) en robe
de chambre** ON rob duh shONbr
jacket potatoes

pommes (de terre) en robe des champs ON rob day shON jacket potatoes

pommes (de terre) sautées sotay fried potatoes

pommes frites freet chips, French fries

pommes paille pī finely cut chips, French fries

pommes vapeur vapurr boiled potatoes

porc por pork

potage potahj soup

potage bilibi beeleebee fish and oyster soup

potage Crécy kraysee carrot and rice soup

potage cressonnière kressonee-yair watercress soup

potage parmentier parmONt-yay leek and potato soup

potage printanier prANtan-yay fine vegetable soup

potage Saint-Germain SAN jairmAN split pea soup

potage velouté vuhlootay creamy soup

pot-au-feu potofuh beef and vegetable stew

potée potay vegetable and meat hotpot

potiron poteerON pumpkin

poularde poolard fattened chicken

poule pool chicken

poule au pot o po chicken and vegetable stew

poule au riz o ree chicken with rice

poulet poolay chicken

poulet à l'estragon lestragON chicken in tarragon sauce

poulet basquaise baskez chicken with ham, tomatoes and peppers

poulet chasseur shassurr chicken with mushrooms and white wine

poulet créole kray-ol chicken in white sauce served with rice

poulet grillé gree-yay grilled chicken

poulet rôti ro-tee roast chicken

poulpe poolp octopus

praire prair clam

provençale provONsal with tomatoes, garlic and herbs

prune prΟοn plum

pruneau prΟοno prune

pudding plum pudding

purée pΟοray mashed potatoes

purée de marrons duh marrON chestnut purée

purée de pommes de terre pom duh tair mashed potatoes

quatre-quarts katr-kar similar to Madeira cake

quenelle kuhnel dumpling, generally made with chicken or pike

queue de bœuf kuh duh burf oxtail

quiche lorraine quiche with bacon

râble de chevreuil rabl duh shuhvruh-ee saddle of venison

râble de lièvre duh lee-evr saddle of hare

raclette raklet Swiss dish of melted cheese with boiled potatoes and cold meat

radis radee radish

ragoût ragoo stew

raie ray skate

raie au beurre noir o burr nwahr skate fried in butter

raifort rayfor horseradish

raisin rezzAN grape(s)

râpé rapay grated

rascasse raskass scorpion fish

ratatouille ratatoo-yuh vegetable stew (usually peppers, tomatoes, courgettes/zucchinis and aubergines/eggplants)

ravigote raveegot dressing with herbs and shallots

reblochon ruhbloshON strong cheese from Savoie

reine-claude ren-klohd greengage

religieuse au chocolat/au café ruhleejurz o shokola/o kafay cream puff with chocolate or coffee icing/frosting

rémoulade ray-moolad mayonnaise dressing with mustard and herbs

rigotte reegot small goats' cheese from the Lyons area

rillettes ree-yet potted pork and goose meat

rillettes de saumon frais et fumé duh somON fray ay fOOmay fresh and smoked salmon pâté

ris de veau ree duh vo veal sweetbread

rissole reessol meat pie

riz ree rice

riz à l'impératrice lANpayratrees sweet rice dish

riz pilaf spicy rice with meat or seafood

rognon rON-yON kidney

rognons au madère rON-yON zo madair kidneys in Madeira wine

romarin romarAN rosemary

roquefort rokfor blue ewes' milk cheese from the south of France

rosette de Lyon rozet duh lee-ON dry salami-type sausage

rôti de porc rotee duh por roast pork

rouget roo-jay mullet

rouille roo-yuh spicy sauce to go with bouillabaisse

sabayon saba-yON dessert made from egg yolks and Marsala wine

sablé sablay shortbread

saignant sen-yON rare

saint-honoré sANt-onoray cake with cream and choux pastry decoration

saint-marcellin sAN-marsuh-lAN goats' cheese

salade sa-lad salad; lettuce

salade aux noix o nwa
green salad with walnuts

salade composée kompozay
mixed salad

salade de gésiers jayzee-ay
green salad with gizzards

salade de tomates tomat
tomato salad

salade niçoise neess-wahz
salad with olives, tomatoes,
anchovies and hard boiled eggs

salade russe rooss diced
vegetables in mayonnaise

salade verte vairt green salad

salmis salmee game stew

salsifis salseefee
oyster plant, salsify

sandwich au fromage
sondweech o fromahj
cheese sandwich

sandwich au jambon joNboN
ham sandwich

sandwich au saucisson
soseesoN salami sandwich

sandwich aux rillettes ree-yet
pâté sandwich

sandwich crudités
salad sandwich

sandwich thon/mayonnaise
toN tuna/mayonnaise sandwich

sanglier soN-glee-yay wild boar

sauce aurore o-ror white sauce
with tomato purée

sauce aux câpres o kapr
white sauce with capers

sauce béarnaise bay-ar-nez
sauce made from egg yolks,
lemon juice or vinegar, butter
and herbs

sauce béchamel bayshamel
white sauce

sauce blanche bloNsh

white sauce

sauce grand veneur grON vuhnurr sauce for game

sauce gribiche greebeesh dressing with hard boiled eggs, capers and herbs

sauce hollandaise olONdez rich sauce made with eggs, butter and vinegar, served with fish

sauce madère madair Madeira sauce

sauce matelote matlot wine sauce

sauce Mornay béchamel sauce with cheese

sauce mousseline moossleen hollandaise sauce with cream

sauce poulette poolet sauce with mushrooms, egg yolks and wine

sauce ravigote raveegot dressing with shallots and herbs

sauce rémoulade ray-moolad dressing made from mayonnaise, mustard and herbs

sauce suprême sooprem creamy sauce

sauce tartare mayonnaise with herbs, gherkins and capers

sauce veloutée vuhlootay white sauce with egg yolks and cream

sauce vinot veeno wine sauce

saucisse sosseess sausage

saucisse de Francfort duh frONkfor frankfurter

saucisse de Strasbourg strazboorg beef sausage

saucisson sosseessON salami

saumon somON salmon

saumon à l'oseille lozay salmon with sorrel

saumon fumé somON foomay smoked salmon

sauté de dindonneau dANdonno sauté of turkey poult

savarin savarAN crown-shaped rum baba

seiche sesh cuttlefish

sel salt

selle d'agneau sel dan-yo saddle of lamb

selon arrivage depending on availability

service (non) compris service (not) included

sole bonne femme bon fam sole in white wine and mushrooms

sole meunière muhn-yair sole dipped in flour and fried in butter

soufflé au chocolat o shokola chocolate soufflé

soufflé au fromage fromahj cheese soufflé

soufflé au jambon jONbON ham soufflé

soupe soop thick soup

soupe à l'ail lī garlic soup

soupe à la tomate tomat tomato soup

soupe à l'oignon lonyON onion soup

soupe à l'oseille lozay sorrel soup

soupe au pistou o peestoo thick vegetable soup with basil

soupe aux choux shoo cabbage soup

soupe aux moules o mool mussel soup

soupe aux poireaux et pommes de terre pwaro ay pom duh tair leek and potato soup

soupe de légumes laygoom vegetable soup

soupe de poisson pwassoN fish soup

steak au poivre o pwahvr pepper steak

steak frites freet steak and chips/French fries

steak haché ashay minced meat

steak sauce au poivre o pwahvr steak with pepper sauce

steak sauce au roquefort rokfor steak with roquefort cheese sauce

steak tartare raw minced beef with a raw egg

sucre sookr sugar

suprême de volaille sooprem duh volī chicken in cream sauce

surgelés soorjuhlay frozen food

surprise du chef soorpreez doo shef chef's surprise (gateau)

tajine tajeen North African stew of mutton or chicken, vegetables and prunes cooked in an earthenware dish

tanche toNsh tench (fish)

tartare tartar(e); raw

tarte tart tart; pie

tarte au citron meringuée o seetroN muhrANgay lemon meringue pie

tarte aux fraises o frez strawberry tart/pie

tarte aux myrtilles meertee bilberry tart

tarte aux poireaux pwahro leek flan

tarte aux pommes pom apple tart/pie

tarte frangipane froNjeepan almond cream tart/pie

tartelette tartuh-let small tart/pie

tarte Tatin tataN baked apple dish

tartine tarteen buttered slice of bread

tendrons de veau toNdroN duh vo veal breast

terrine terreen rougher type of pâté

terrine du chef doo shef pâté maison, chef's special pâté

tête de veau tet duh vo calf's head

thon toN tuna fish

thon Mirabeau meerabo tuna cooked in eggs and milk

thym taN thyme

tomate tomat tomato

tomme de Savoie tom duh savwa white cheese from Savoie

tourte toort pie

tourteau toorto kind of crab

tous nos plats sont garnis all our dishes are served with vegetables

tripes treep tripe

tripes à la mode de Caen duh kON tripe in spicy vegetable sauce

truffe trOOf truffle

truite au bleu trweet o bluh poached trout

truite meunière muhn-yair trout coated in flour and fried in butter

vacherin vashrAN strong, soft cheese from the Jura area

vacherin glacé glassay ice cream meringue

veau vo veal

velouté d'asperges vuhlootay daspairj cream of asparagus soup

velouté de tomates tomat cream of tomato soup

velouté de volaille volī cream of chicken soup

velouté d'huîtres dweetr cream of oyster soup

vermicelle vairmeesel very fine pasta used in soups

viande vee-ONd meat

viande hachée ashay minced meat

vichyssoise veesheeswahz cold vegetable soup

vinaigre veenegr vinegar

volaille volī poultry

yaourt ya-oor yogurt

Drink

Essential terms

beer la bière bee-air
bottle la bouteille bootay
brandy le cognac
coffee le café
cup la tasse tass
a cup of... une tasse de...
gin le gin djeen
gin and tonic un gin-tonic
glass le verre vair
a glass of... un verre de...
milk le lait lay
mineral water l'eau minérale f
  o meenayral
orange juice le jus d'orange
  jOO dorOnj
port le porto

red wine le vin rouge vAN rooj
rosé le rosé rozzay
soda (water) le soda
soft drink la boisson non-
  alcoolisée bwassON nON-
  alkoleezay
sugar le sucre sOOkr
tea le thé tay
tonic (water) le schweppes
vodka la vodka
water l'eau fo
whisky le whisky
white wine le vin blanc vAN blON
wine le vin vAN
wine list la carte des vins
  kart day vAN

another..., please encore..., s'il
  vous plaît ONkor..., seel voo play

A–Z

alcool alkol alcohol

AOC (Appellation d'Origine Contrôlée) guarantee of the quality of a wine

Banyuls banyoolss a sweet apéritif wine

bière bee-air beer

bière (à la) pression press-yON draught beer

bière (blonde) lager

bière brune brOOn bitter; dark beer

bière rousse rooss relatively sweet, fairly dark beer

blanc blON white wine; white

blanc de blancs duh blON white wine from white grapes

blanquette de Limoux blONket duh leemoo sparkling white wine from Languedoc

boisson bwassON drink

Bourgogne boor-goñ wine from the Burgundy area

Brouilly broo-yee red wine from the Beaujolais area

brut brOOt very dry

café kafay espresso, very strong black coffee

café au lait o lay white coffee

café crème krem white coffee

café glacé glassay iced coffee

café soluble solOObl instant coffee

café viennois vee-enwa coffee with whipped cream

calvados apple brandy from Normandy

Travel tip If you're interested in regional specialities of the liquid kind, it's worth knowing that Normandy is famous for its *calvados* and the south for its *pastis*. Cognac and the Champagne region are obvious destinations if you're looking to stock up on alcohol, and be sure to try some of the local cider in Brittany.

---

camomille kamomee camomile tea

capiteux kapeetuh heady

carte des vins kart day vAN wine list

Chablis shablee dry white wine from Burgundy

chambré shONbray at room temperature

champagne shONpañ champagne

champagnisé shONpan-yeezay sparkling

chartreuse shartrurz herb liqueur

Château-Margaux shato margo red wine from the Bordeaux area

Châteauneuf-du-Pape shatonurf dOO pap red wine from the Rhône valley

chocolat chaud shokola sho
hot chocolate

chocolat glacé glassay
iced chocolate drink

cidre seedr cider

cidre bouché booshay
cider in bottle with a cork

cidre doux doo sweet cider

51 (cinquante-et-un) sankONtay-
AN a brand of pastis

citron pressé seetrON pressay
fresh lemon juice

cognac kONyak brandy

crème krem white coffee

crème de cassis duh kasseess
blackcurrant liqueur

cru krOO vintage

cru classé high quality wine

décaféiné daykafay-eenay
decaffeinated

délimité de qualité supérieure
superior quality wine

demi duhmee small draught beer;
quarter of a litre of beer

demi-sec duhmee-sek
medium dry

diabolo menthe/fraise d-yabolo
mONt/frez mint/strawberry
cordial with lemonade

digestif deejeesteef liqueur

eau o water

eau de vie duh vee
spirit made from fruit

eau minérale meenayral
mineral water

eau minérale gazeuse gazurz
sparkling mineral water

Fendant fONdON
Swiss dry white wine

fine feen fine brandy,
liqueur brandy

Fleurie flurree
red wine from Beaujolais

frappé frapay well chilled, on
ice; iced

gazeux gazurz fizzy

Gewurztraminer
guh-wOOrztrameenair
dry white wine from Alsace

gin-tonic gin and tonic

Gini a kind of bitter lemon

glaçon glassON ice cube

grand crème grON krem
large white coffee

grand cru krOO fine vintage

Graves grahv red wine from the
Bordeaux area

infusion anfOOz-yON herbal tea

jus jOO juice

jus de pommes duh pom
apple juice

jus d'orange dorONj orange juice

kir white wine with blackcurrant
liqueur

kir royal champagne with
blackcurrant liqueur

kirsch cherry brandy

lait lay milk
lait fraise/grenadine frez/
gruhnadeen milk with
strawberry/grenadine cordial
limonade leemonad lemonade

Mâcon makON
wine from Burgundy
marc mar clear spirit distilled
from grape pulp
Médoc maydok red wine from
the Bordeaux area
menthe à l'eau mONt a lo
mint cordial
méthode champenoise made
in the same way as champagne
Meursault murrso wine from
Burgundy
millésime meelay-zeem vintage
mousseux moossuh sparkling
Muscadet mooskaday dry white
wine from the Nantes area
muscat mooska sweet white wine

Noilly-Prat nwa-yee pra
an apéritif wine similar
to Dry Martini
Nuits-Saint-Georges nwee SAN
jorj red wine from Burgundy

orange pressée orONj pressay
fresh orange juice

panaché panashay shandy
Passe-Tout-Grain pass too grAN
red wine from Burgundy

pastis pasteess aniseed-flavoured
alcoholic drink
Pernod pairno a brand of pastis
pétillant paytee-ON sparkling
porto port
Pouilly-Fuissé poo-yee-fweessay
dry white wine from Burgundy
premier cru pruhm-yay kroo
vintage wine
pression press-yON
draught beer, draught

rhum rom rum
Ricard reekar a brand of pastis
Rivesaltes reevsalt
a sweet apéritif wine
rosé rozzay rosé wine
rouge rooj red

Saint-Amour sANtamoor
   red wine from Beaujolais
Saint-Emilion sAN-taymeelee-yON
   red wine from the Bordeaux
   area
Sauternes sotairn fruity white
   wine from the Bordeaux area
Schweppes tonic water
scotch scotch whisky
sec sek dry; neat
servir frais serve cool
sirop seero cordial

thé tay tea
thé à la menthe mONt mint tea
thé au lait o lay tea with milk
thé citron seetrON lemon tea
thé nature natOOr
   tea without milk
tilleul tee-yurl lime-flower tea

**VDQS (Vin Délimité de Qualité
   Supérieure)** a category of
   wine between vin de table and
   AOC
verveine vairven verbena tea
vin vAN wine
vin blanc blON white wine
vin de pays duh payee regional
   wine
vin de table duh tahbl table wine
vin rosé rozzay rosé wine
vin rouge rooj red wine

Yvorne eevorn
   Swiss dry white wine

Picture credits

All maps and photos © Rough Guides.
Photography by: David Abram (pp.35, 146, 166, 176), Jean-Christophe Godet (back cover, pp.6, 28, 45, 78, 98, 120, 143, 216, 246, 253), Lydia Evans (front cover, pp.16, 69, 89, 109, 129, 156, 196, 207, 228, 230, 250), Michelle Grant (pp.21, 41, 48, 139, 226, 241) and Greg Ward (pp.5, 58, 187).